6

公立博物館を NPOに任せたら

― 市民・自治体・地域の連携 ―

金山喜昭 著

同成社

目　次

はじめに ………………………………………………………………… 1

第1章　千葉県初の登録博物館の誕生 …………………………… 9
1. 地場産業と市民文化活動　9
2. 市民による建設運動　10
3. 郷土博物館の開館　11
4. 特別展の予算を確保　13
5. 郷土博物館の問題点　14

第2章　博物館の再出発 …………………………………………… 19
1. 背景と経緯　19
2. NPO法人野田文化広場の発足　22
3. 直営から指定管理者制度を導入へ　26
4. NPOが博物館を運営する　33
5. ガイドの会との連携　38

第3章　キャリアデザインという考え方 ………………………… 41
1. キャリアデザインとは何か　41
2. これからの生き方　46

第4章　博物館と市民のキャリアデザイン ……………………… 51
1. ＜学び＞とアイデンティティの形成　51
2. パターンⅠ：学習目標を達成する　53
3. パターンⅡ：個人のキャリアを設計・再設計する　56
4. パターンⅢ：「まちづくり市民」を目指す　58

  5. キャリアの発達段階との関係性　60
  6. 博物館が市民のキャリアデザインの拠点になる　61

第5章　利用者の満足度が高い博物館を目指す　……………　65
  1. 満足度の向上とニーズを創造する　65
  2. 既存の資源を最大限に活用する　67
  3. 事業を見直す　71

第6章　博物館機能の強化をはかる　………………………　75
  1. 基礎機能を整備する　75
  2. 展示活動の充実をはかる　82

第7章　市民のキャリアデザイン　……………………………　91
  1. 学校と連携する　91
  2. キャリアデザイン事業の展開　94
  3. 多彩なコミュニティとの交流とつなぎ役　108
  4. オーラルヒストリーを資料化する　116

第8章　市民のキャリアを支援する学芸員の役割　……………　119
  1. 変化する学芸員の役割とは　119
  2. 学芸員が市民のキャリアを支援するために　122
  3. 学芸員たちの活躍　124

第9章　博物館を「評価」する　………………………………　129
  1. 入館者数が回復する　129
  2. なぜ博物館を評価するのか　131
  3. まずは自己点検から始める　135
  4. 市民のキャリアデザインを評価する　144

第 10 章　「政策連携」による成果と展望 ……………………… 151

1. 「政策連携」の背景と経緯　151
2. 地域問題の本質を見極める　152
3. 現状の評価と分析　154
4. 持続可能性のチェック　158
5. さまざまな公共施設の役割を見直す　162

第 11 章　他の公立博物館と経営効率を比較する ……………… 163

1. 経営効率 5 倍の実現　163
2. 直営の公立博物館と NPO 運営の公立博物館　164
3. 直営と NPO 運営の経営効率を比較する　168
4. 柔軟な運営をする　171
5. なぜ一部の NPO は運営に限界をきたしたのか　173
6. NPO 運営を持続可能なものにするために　174

おわりに―NPO が公立博物館を運営するために― ……………………………… 177
参考文献 ……………………………………………………………………………… 183

装丁　吉田有希

はじめに

　市民が公立博物館を運営する、そんな時代になった。これまで公立施設は自治体の直営や、その外郭団体の財団法人などが運営してきたが、2003年に地方自治法が一部改正されたことにより、民間でも公立施設を運営することができるようになった。本書は、千葉県の野田市郷土博物館という公立博物館を地域のNPOが再生させたことを通じて、今後の公立博物館の運営のあり方について述べるものである。

　近年、全国の公立博物館は運営の危機に立たされている。これは博物館に限ったことではなく、公立の文化施設全体についても同じことがいえる。その理由として、地方自治体の慢性的な財政難による予算の縮減や人員不足をあげることができる。また、安易な指定管理者制度の導入により、何とか急場をしのごうとしていることも不安材料となっている。しかし最大の原因は、社会が急速に変化しているにも関わらず、公立博物館は旧態依然として、自らによる経営・運営の改善や改革を避けてきたからではないだろうか。

　それでは、どうして公立博物館は自己改革を避けてきたのだろうか。

　まずは博物館職員の危機感の欠如が背景にあると思われる。これまでやってこられたのだから、これからもやっていけるという、漠然とした思い込みである。多くの公立博物館は高度経済成長に乗じた公共事業として建設された。

　'90年代初頭から経済成長は低迷したが、いずれは景気が上向きになり、博物館の財政状況も回復すると期待されてきた。しかし、現実はそのような甘い期待を裏切った。そのうえ学芸員や事務職員は公務員である。公務員には自らが所属する組織は不動で安定しているのだという確信がある。公立博物館の存亡が問われる今日の状況は想定外のことであったといえる。

また、博物館によっては、学芸員が偏狭的な専門職に化しているという問題もある。大学の学芸員養成課程の授業では、学芸員とは一流の研究者になることだと謳われていた時代がある。当時の学生は誰でもそう思い込んだ。実際学芸員になってからも、それで通用していた。そのようなタイプの学芸員は専門分野の調査や研究に主たる関心を向け、その成果を特別展で公開することや専門誌に掲載することに注力してきた。もちろんそのこと自体は学芸員の仕事として大切であるが、それと引き換えにコレクション・マネジメントや教育サービスなどの他の業務を放置してきたともいえる。先進的な博物館で住民サービスの向上や地域との連携事業などが行われるようになってからも、なかなか呼応しないままにきた。こうして、学芸員の中には調査研究と展覧会業務に追われる、「井の中の蛙」状態できてしまった人たちがいる。

　さらに、市役所など本庁によるガバナンスの機能不全もあると思われる。その背景には、博物館は専門機関だから本庁が関与するべきではないという錯誤がある。当然、公共の専門機関としての自律的な企画や運営は保証されるべきである。だが、博物館に公共施設として問題があれば、本庁の担当部局は業務の見直しや経営改善をはからなければならないのに、その役割を果たしてこなかった。その結果、博物館のなかには「独立王国」のようにして、地域や市民からかけ離れた存在となったところもある。

　このような問題点を解決するにはどうしたらよいのだろうか。

　そのためにはいくつかの解決策が考えられるが、一つには指定管理者制度をうまく活用することができれば、大きな改善が可能である。しかし、多くの自治体は、はじめからコストや人員の削減策のみを目的として導入するものだから、なかなかうまくいかないのが現状である。本書は、公立博物館にとって指定管理者制度の有効な運用の仕方とは何か、またどうすれば公立博物館が住民サービスを向上させることができるのか、について紹介する。その成功例として野田市郷土博物館という公立博物館の事例を取り上げる。

　野田市郷土博物館は、1959年に千葉県内で開館した最初の登録博物館である。野田市教育委員会が所管する公立博物館として2007年3月まで直営であっ

たが、同年4月から地元のNPO法人野田文化広場が指定管理者となり運営を始めて、2012年3月までに5年が経過する。直営時代の入館者は年間1万1千人台と低迷していたが、NPO運営になってから4年後には約3万人にV字回復した。それにともない利用者の満足度も高くなった。また、直営時代は、年間の利用者1人当たりのコストが3,528円であったのに比べて、NPO運営によって669円になったことで、経営効率は直営時代に比べて約5倍になった。

このようにNPO運営によって公立博物館を再生させることができたポイントは次の通りである。

①公立博物館は、ミッション（使命）が不明確であることが多いが、地域の課題や市民のニーズに対応するミッションの策定をはかる。既にミッションのある博物館でも、設立後に長い期間が経っていれば、社会の変化や人々のニーズに応えるために、それを見直すことが必要である。

②直営のままではミッションを実現することが困難であるならば、指定管理者に運営を任せる。その際、地元のNPOに運営能力があるならば、その方が望ましい。当事者意識をもつ市民が、地域づくりの一員として活躍することができるからである。

③自治体は、指定管理者制度をコストや人員の削減を目的にするよりも、住民サービスの向上をはかることや、ミッションを達成するために導入する。そのために必要な予算措置をするとともに、あわせて施設の修繕や改修などの環境整備をする。

④NPOと行政とは、連携を密にしながら博物館の事業を行う。そのためには市長をはじめ市役所担当課の職員などは博物館に来館して、その運営状況を確認し、運営上の障害が生じれば、その解決のために柔軟に対応する。

⑤博物館と市民との連携を円滑にする。地域の多様なコミュニティの人たちや組織・団体の協力や支援・参加を促すことに配慮する。その上で、博物館との信頼関係の構築につなげることが大切である。

⑥これまでの多くの公立博物館は評価について消極的であったが、NPO運

営になったことで評価制度を導入する。当面は、自己点検とミッションの達成状況を評価する。あわせて、こうした結果は広く情報公開をするとともに、市民からの意見や評価を受け入れることのできる仕組みづくりをする。

なお、筆者は野田市郷土博物館の学芸員として、2002年3月まで18年にわたり現場で仕事をした。それ以前は、國學院大學の博物館学研究室の助手として4年間、加藤有次教授のもとで学芸員養成課程の補助業務や博物館の調査・研究をした。2001年に國學院大學から「日本の近現代博物館史論」にて学位を授与された。現在は、法政大学キャリアデザイン学部にて学芸員資格課程とともに、当学部に関連する授業を担当している。本来の専攻は先史考古学であったが、このようにして博物館学との付き合いは約35年におよぶ。本書は、こうした私のキャリアを基にして、この8年間の仕事をまとめたものである。

本書の構成は次の通りである。

第1章は、まず野田市郷土博物館の成り立ちと、従来方式のままで運営を継続していくことが不適切になった背景を分析した。

第2章では、市長が、＜キャリアデザインによるまちづくり＞を市の政策に位置づけたことを契機にNPOが博物館を運営することになったいきさつ等を紹介し、市民と自治体とが協働する上での条件整備について整理した。

第3章では、本書のキーワードの一つである、＜キャリアデザイン＞についての考え方を紹介する。博物館はこれまで生涯学習の場とされてきた。ここでは市民が自らの人生をキャリアデザインするという観点に立ち、各人が生き方を設計・再設計をする際に地域博物館がかかわっていくことを提案する。

第4章は、＜キャリアデザイン＞を博物館に応用するための仮説的な考え方を述べる。筆者なりに、＜学習＞概念を活用しながら、それを三つのパターンに分類してみた。

第5章は、NPOが運営を始めてから、人々に「博物館が良くなった」と実感してもらうことについての工夫を披露する。

第6章は、NPO運営による博物館のコレクション・マネジメントについて

述べる。指定管理者になると、住民サービスを優先させるあまり、その施設がもつ本来の機能が損なわれることが懸念される。しかし、むしろこれまでの直営時代の不備を見直して、博物館のコレクション・マネジメントの再構築をはかっていることや、展示活動が充実したことについて述べる。

続く第7章においても、博物館において市民のキャリアデザインをはかるための具体的な事業を披露する。

第8章は、＜市民のキャリアデザイン＞をはかる博物館において、市民や地域にとってのコーディネイターとしての仕事をする学芸員の役割にスポットを当てる。

第9章は、4年間の業務についての「評価」を示す。一つは自己点検である。ミッションの項目にあわせて経年的な様子を見ることができるようにした。もう一つは、ミッションの一つとなっている「市民のキャリアデザイン」に対する達成度をみるためのアウトカム評価である。

第10章は、当館の改革は、慶應義塾大学総合政策学部の上山信一氏が提唱する「政策連携」に近いことをやっていたので紹介する。ここでは、上山氏のチェック・リストを基にして、当館をめぐる活動を再評価する。

第11章は、当館の直営時代とNPO運営との比較をすることにより4〜5倍の経営効率がはかられたことを紹介する。また、近隣の直営の公立博物館と全国のNPO運営の公立博物館を比べると、NPO運営の方が経営の効率がよいことを明らかにする。あわせて、持続可能な博物館のNPO運営のあり方についても考える。

野田市郷土博物館の事例は、全国的には小規模な公立博物館の改革だといえる。しかし、現行の制度をうまく活用すれば、大きな成果が出ることを実証することができた。まずは、各地の自治体や市民が、文化施設としての博物館を、どのようにすれば自分たちの生き方や生活に必要なものに再生することができるかを真摯に考えることから始めてほしい。市民が知恵を出して自治体と協働しながら、自治体のもつ「資源」を有効に活用していく。市民は公共施設の担い手となることで、人びとのコミュニケーションを促進して地域の活性化

をはかることができる。

　なお、本書の読者は次の方々を想定している。

　まずは、自治体の首長をはじめとする、文化施設を所管する担当課や関連する職員、議員の方々である。文化施設に指定管理者を導入するにあたっては、最初から経費や人員の削減を前提にするのではなく、住民サービスの向上をはかるために必要な条件整備をはかることである。もちろん、その上で効率的な経営が求められる。

　第2に、公立博物館の現場にいる館長、学芸員などの職員の方々である。社会情勢の変化にあわせて、自らの意識改革をし、自館のミッションの見直し、日常業務の点検や住民サービスの向上などに主体的に取り組む。活動に対する評価についても、まずはできるところから始める。また、本庁との連携のあり方を見直し、自治体の政策全体の中における自館の果たす役割の優先順位を、従来よりも上位に位置づける政策提言をしていくことも重要である。

　第3に、市民やNPOで公立館を運営している方々である。指定管理者制度の下に、削減された予算内で、直営時代の業務を引き継ぐだけでは必ず行き詰まりが生じる。地域から必要とされる博物館となるための事業を、市民のアイディアを加えながら作り上げることである。本書では野田市郷土博物館の具体的な事業をいくつも紹介した。もちろん博物館のミッションの作成や、自己評価も重要である。また、行政との相互補完的で効果的な連携関係を築いて、持続可能な運営を目指す。

　第4に、大学で博物館学講座を担当する教員や、学芸員資格課程を受講している学生たちにもぜひ読んでいただきたい。本書で紹介するのは、公立博物館のマネジメントの新しいあり方である。未来の博物館を任う若い人達にこれからの博物館マネジメントの現実を直視するきっかけとしていただきたい。

　最後に、地域でNPOや市民活動をする方々である。これまで市民・住民は、自らの地域活動を、どこか公共サービス（官のサービス）とは別のものと捉えて、一線を引いてきた。しかし、官が行政改革や行政評価をして再生をはかるのと同様、市民も自らの活動によってキャリアの再生をはからなければならな

い。これからの「まちづくり」においては、官と民の双方が、それぞれの人材、資産、能力などを生かして協働することが不可欠である。その中では、今後博物館のみならず、さまざまな公共施設の運営を市民自らがますます任うことになるだろう。本書は公立博物館を市民やNPOが運営することを一つの事例として、官と民の協働のあり方を提言するものである。

　本書が、以上の方々の今後の活動に役立つことを願う次第である。

第 1 章　千葉県初の登録博物館の誕生

1. 地場産業と市民文化活動

　千葉県野田市は、江戸時代の中期以降から醤油醸造業を中心に発展してきた土地である。それは野田が江戸川沿いに位置して江戸への舟運交通に地の利を得ていたこと、醤油醸造家の茂木・髙梨一族による濃口醤油の製品開発が先端的であったことや、彼らが経営手腕にも優れていたからだといわれている。両家は大正時代に野田醤油株式会社（現キッコーマン株式会社）という新しい会社をつくり、資本力や生産量などからいっても国内で最大規模の醤油会社になった。

　醤油産業のおかげで町が経済的に繁栄すると、全国から有能な人材が集まった。彼らは職業を異にする文化人であった。たとえば、戦中に函館から野田に転居した佐藤真がいる。佐藤は、東北大学附属図書館から移り、函館市立図書館の図書館主任であったが、後に財団法人興風会が経営する図書館の主任として招かれた。興風会は野田醤油株式会社が出資する社会福祉事業の団体である。また、熊本出身で医師の池松武之亮や洋画家の櫻田精一も移り住むようになった。野田醤油株式会社の社員であった市山盛雄は朝鮮の京城から野田勤務となってやってきた。また、市山は若山牧水と交流をもつ歌人でもあった。野田には、そのほかにも多くの文化人たちがいた。戦後になると地元の青年たちは、彼らに刺激をうけて多彩な文化活動を始めた。

　1948 年に野田地方文化団体協議会（以下、文協と略す）が発足した。同会は、池松らが発起人となり設立した文化団体の連合会であった。文学、俳句、短

歌、囲碁、絵画、書、読書、仏教など20以上もの団体が加盟した。それは文化団体の単なる親睦会というわけではなく、文化活動に携わる者たちによって地域の民主主義を実現していこうとするビジョンをもっていた。実際、文協は古代遺跡の発掘調査の支援や、講演会、展覧会、文化祭などの主催、国会議員・市長・市議会議員などの選挙時には紙芝居を使った啓蒙活動を行っている。郷土博物館の建設運動は、こうした文協の活動のなかから生まれた。

2. 市民による建設運動

　1950年5月に市制が施行されて、野田町から野田市になった。文協はそれを契機にして、野田市を文化都市にするために郷土博物館を建設することを市長や市議会に要望している。要望書には國學院大學教授の樋口清之（1909-1997年）が作成した博物館構想（建物や展示計画）も添えられた。それと並行して、文協は郷土博物館建設促進特別委員会を組織して具体的な検討と資料収集に乗り出した。また、市民に向けて博物館の必要性を啓蒙するために「住居の歴史展」・「食生活展」などの展覧会や講演会を行っている。

　こうした活動に応じるようにして、野田市は1954年2月、郷土博物館設立準備委員会を正式に発足した。準備委員会は樋口から指導をうけた。地元の特性を踏まえて博物館の主要な性格を次のとおりとした。

1. 発酵科学の現状、発達、歴史等を見学できる博物館。
2. 郷土のもつ文化、自然、産業方面を扱い、市民を対象にした郷土愛を振興する博物館。
3. 中央博物館の模倣とならない独自性のある博物館。

　翌年、郷土博物館設立準備委員会は、野田市や同教育委員会が共催する市制5周年記念事業として、郷土博物館の開館に向けた「野田市郷土博物館資料展示会」を実施した。展示会では、それまでに文協が収集したもののほかに、樋口からの寄贈品や醤油醸造家から寄せられた資料などを公開した。さらに野田醤油株式会社から建設資金として野田市に対して1000万円が寄付されたこと

で、博物館建設構想は一気に実現へと動いた。建設費は約1300万円であったが、そのうちの大部分を地元企業が出資した。キッコーマン株式会社の元社長の茂木克己氏から後日うかがった話によれば、社員の市山が長年にわたり熱心に博物館建設の準備に取り組んでいるので、その意気に感じて応援したとのことであった。市山はキッコーマン株式会社の社史を編纂する仕事を通じて会社の上層部から信頼されていたことがわかる。こうして郷土博物館は、樋口の協力のもとに市民・市役所・企業が一体になって建設が進められた。建物の設計は、日本武道館や京都タワーの設計者としても知られる山田守（1894-1966年）である。

3. 郷土博物館の開館

1959年4月に野田市郷土博物館は開館した。市民が活動を始めてから9年にして完成した。当館は博物館法が1951年に制定されてから、千葉県内で最初の登録博物館になった。登録博物館とは、同法の規定に示された一定の建物面積やコレクションをもち、学芸員を配置するなどの要件を満たした博物館をいう。法律上でいう博物館とは、この登録博物館を意味する。館長は教育長が兼務し、学芸員が1人配置された。それに事務員1人と用務員1人を加えた実質的に3人の職員体制であった。

博物館の活動は、準備委員会で示された博物館の性格を踏まえたものとなった。地域の特色に注目して、それに関連する地理・気候・歴史・産業などの資料や、郷土の地理・風俗・歴史・植物・鉱物・昆虫・保健・衛生など郷土に関する全般的な資料を収集した。それらを展示することで地域の特性を、地元の人たちに理解してもらうことをめざした。

コレクションは、準備期間の収集品のほかに、野田醤油株式会社から醤油醸造に関する資料を受け入れた。その中には勝文斎作の押絵扁額「野田醤油醸造之圖」（明治時代）、扁額「御本丸・西本丸御用」（江戸時代）などのように、今でも当館を代表するものが含まれる。醤油関係資料は、野田ばかりでなく国

図 1-1 野田市郷土博物館の表門

図 1-2 野田市郷土博物館の外観

内全域から収集がはかられた。それにより、長崎のコンプラ醤油瓶（江戸時代）や、各地の醤油さしのように多彩なコレクションを所蔵している。

調査活動については、特に縄文時代～古墳時代の発掘調査に重点がおかれた。そのために周辺部を含む東葛飾地方の考古学研究に果たした学術的な意義は大きい。発掘資料は、博物館の中核的な考古コレクションになっている。

教育普及事業としては、開館した1959年から特別展が毎年行われてきた。しかし、特別展といっても専用の予算があったわけではなく、経常経費をやりくりして僅かな経費でやっていた。30年間に行われた主なものとしては、「葛飾地方の古代文化展」（1960年）、「発掘展」（1961年）、「野田の顔展」（1963年）、「明治回顧展」（1967年）、「中世の野田」（1973年）、「野田の旧家をさぐる」（1978年）、「野田学校の百年」（1983年）、「野田の戦中・戦後」（1985年）、「下総の牧」（1987年）などのように、テーマは地域の自然や歴史・生活文化に関するものとなっている。また「文化映画を見る会」は、新聞社からフィルムを借りて財団法人興風会の興風会館を会場にして10年間に90回ほど続き盛況であった。さらに地元の人たちを対象にした史跡めぐり、遺跡発掘の見学会、講演会など多岐にわたる活動が行われた。

私は、1984年4月に学芸員として着任した。開館から26年目のことであっ

た。職員は、専任の館長のほかに事務職員1名、用務員1人、学芸員2名の専任職員5人の体制になった。しかし、博物館は埋蔵文化財の業務を兼務していたことから、学芸員は学芸業務に専念することはできなかった。私も着任してから数年間は発掘調査や出土品の整理作業を担当しており、学芸員本来の業務はむしろ副次的な仕事になっていた。1987年3月に、一人の学芸員が、教育委員会の社会教育課に新設された文化財係に異動した。そのことで博物館の方は、私が学芸員として専従することになった。

4. 特別展の予算を確保

　1989年は博物館の歴史にとって一つの画期であった。それは、開館30周年の記念事業として特別展の予算が初めて確保できたことである。最初の本格的な特別展は「野田と貝塚」であった。私が発掘調査した市内の槇の内遺跡の成果を基にして、野田市と周辺の貝塚地域を対象にした。会場設営に関する準備は専門業者に委託することができるようになったので、従来の「手作り展」に比べて見栄えのよいものになった。特別展の図録を制作することもできた。関連企画の連続講演会も行った。他の博物館では当たり前に行われていることが、ようやくできるようなったわけだ。

　特別展の予算が措置されたことは、学芸員のモチベーションを高める効果につながった。野田から全国に文化情報を発信するというビジョンを描けるようになった。その背景には、開館してからずっと変わらずに博物館の性格を保ち続けてきたものの、いつの間にかマンネリ化していた状況から、何か変化を起こしたかったことがある。ビジョンといっても、本庁と合意形成をして制度上に位置づけたものではない。そのことは博物館内部の意思とでもいうか、あるいはもっと極端な言い方をすれば私の個人的なものであったともいえる。1991年の「華ひらく押絵の新世界」は、そのビジョンを代表する展覧会となった。この展覧会は、1970年に醤油醸造家の茂木家から寄託を受けていた勝文斎作の押絵行燈を共同調査した成果を公開したものである。来館者ばかりでなくマ

スコミの反響も大きかった。『芸術新潮』や『サライ』といった全国展開の雑誌にも特集記事として紹介された。テレビ番組でも押絵行燈は野田にしか見られない唯一の芸術作品として取り上げられた。この展覧会のおかげで翌年の入館者は過去最高の約2万人を記録した。

また、1995年には地元の洋画家櫻田精一を取り上げた。櫻田は戦中に野田に転居して、その後の野田の文化活動のけん引役を担った1人である。画家からの聞き取り調査を踏まえて、その生涯とともに生活や作品を紹介する独創的な美術展になった。この年の入館者はさらに記録を更新して約2万7千人台となった。さらに、1996年の「よみがえる山中直治　童謡の世界」展では、1937年に没した直治の童謡作曲家と作品を掘り起こして、その童謡を復活させる市民運動にまで広げることができた。

5. 郷土博物館の問題点

1994年4月に学芸員が1名増員された。専任職員は、館長、事務職1名、学芸員2名の4人体制となった。博物館が開館してから初めて、学芸員が実質2名となった。それでも周辺の公立博物館に比べればまだ少なかったが、それでも新卒の学芸員を採用できたことは後継者を育成するためには好ましいことであった。新任の学芸員は文献史学を専門にしていたことから博物館としても専門とする守備範囲が広がった。中断していたコレクションの整理も再開できるようになった。当時、博物館では特別展のほかに、企画展、史跡めぐり、講演会などの事業も定期的にやるようになっていた。

2002年3月、私は博物館を退職した。しかし、その後に学芸員は補充されることはなかった。さらに、3年後に、一人残っていた学芸員は教育委員会の文化財係に異動となり、文化財係の学芸員が新たに着任した。異動してきた学芸員には実務経験がなく、引き継ぎもうまくできず、博物館は私の退職を引き金にして機能不全の状況に陥ってしまった。

その結果、入館者が顕著に減少した。2001年度までは1万5千人台であっ

た年間入館者は、それ以後じりじりと減り続けて 2006 年度までに 1 万 1 千人台に落ち込んだ。こうして博物館の存在感は希薄となり、地元の人たちの博物館離れは深刻になった。

　ではなぜ、そうなったのか。ここで、ひとまず問題点を洗い出すことにする。それは次の通りである。
① 学芸員が 1 名になっても、市役所は欠員した学芸員の補充をしなかった。そのために学芸力が低下した。
②「野田発の文化発信」というビジョンを喪失した。
③ それまでの事業を縮小させて、年 1 回の特別展を開催するだけになってしまった。

　これらの点は、市役所にも事情があるだろうし、職員の方にも問題がないとは言い切れない。

　①は、市役所にとっては行政改革の流れの中で、これまで通り全ての施設の欠員分を自動的に補充することができなくなったという事情がある。実際、野田市は 2003 年度に北部に隣接する関宿町と合併した。人口は 12 万人台から 15 万人台になった（2011 年 11 月 1 日現在では人口 157,434 人）。それに伴い市議会議員は、旧関宿町 20 人、旧野田市 32 人を合わせて 32 人に削減された（2010 年 5 月には議員定数は 28 人となる）。そして、市役所も、当初の職員数 1,306 人から 222 人減らして、2009 年 4 月には 1,136 人に削減することを目標にした。これは野田市に限らず、どの自治体でも合併すれば同じことになる。合併は組織の合理化を伴う。本庁よりも出先機関の施設が人員の削減対象になりやすい。その人員が不可欠でない限り、切りやすいところから削減していく。退職者が出た時は恰好のタイミングとなる。要するに、市役所は、学芸員を市民生活にとって必要不可欠な人員と見なさなかったということだ。

　しかし、人員削減はどうしても職員のモチベーションを低下させる。これまでやっていた仕事がこれまで通りの方法ではできなくなるからだ。民間企業ならば工夫をして改善する。逆境をバネにしてプラスに転じることもある。しかし公務員は、成果にかかわりなく給料や身分が保障されている。モチベーショ

ンの低下を放置しても許されてしまうことになる。

　さらに良くないことには、それまでの学芸員経験者と文化財担当者で交換人事をしたことだ。これは双方にとって不幸なことであった。特に、文化財を担当していた学芸員は、博物館業務の未経験者であった。一方、文化財係に異動した前任の学芸員は新しい仕事を覚えることにかかりきりになり、日常的にきめ細かく博物館業務を引き継ぐことができなかった。こうして人材育成をしないまま人事異動が行われたために、博物館活動は停止状態になった。誤解のないようにいっておくが、この場合、学芸員に全ての責任をなすりつけるのは酷な話である。問題は、適正さを欠いた人事異動に原因があったといえる。

　②については、博物館のビジョンが継承されなくなったことにより、人びとへのアピール力が低下したことがあげられる。押絵行燈の特別展を開催した1991年度以降は、ビジョンを意識しながら、地元の埋もれている文化資源に着目し、その調査や研究で一定の成果を上げてきた。その結果、来館者から大きな反響があった。ビジョンを示すということは、博物館の取り組みに関して地域の人たちに対して意思表示をすることである。しかし、それがなくなると住民からは博物館の存在意義を疑われることになる。

　③は、①や②とも連動する。学芸員が1名になると事業を実施することに限界が生じる。欠員の補充がないことで、職員の負担感ばかりが増大した挙句、モチベーションが低下して、それまでのビジョンも不明瞭になる。当然のこととして事業の縮小や質の低下をもたらすようになる。その結果、事業予算は削減された。最終的に、2006年度までには、主催する事業はほぼ特別展だけとなった。

　さて、このような事態を回避するためには、どうしたらよかったのだろうか。行政が定数削減にこだわらずに、きちんと学芸員の欠員分を補充すればよかったのだろうか。そうすればビジョンや事業もそのまま維持することになったのだろうか。答えは違う。

　昨今の状況から考えれば定数削減はやむをえないことである。市役所内の他の部や課も同様の状況にある中、博物館だけを特別扱いすることは許されな

い。他の文化施設では4館の図書館のうち、2006年度から1館を民間企業の指定管理者に出している（その後、2007年度に2館を指定管理者に出している）。もっとも博物館を特別扱いする意義が行政上あるならば、それもあり得ることだが、その後の博物館職員たちは、不補充を撤回させるような仕事をして、行政上の優先順位を繰り上げるような努力をしたわけでもなかった。

　結局のところ博物館は、そのままの状態では、地元の人たちや行政にとっても不要な施設になりかねないところまできてしまった。その危機に対しては小手先の改善をして再生することは不可能である。むしろ一旦、博物館を解体して再構築することが求められるようになったわけだ。行政もその問題を改善することを模索していた。

第2章　博物館の再出発

1. 背景と経緯

　先述のように機能不全の状態に陥った博物館を、なんとかして「地域のためになるように再生させたい」ということが課題になった。そのために、私は2004年4月に検討会を発足させて数人のメンバーと話し合いを始めた。その後の2005年6月には、市民約30人をはじめとする参加者を得ることができて、NPO法人野田文化広場を設立した。このNPOのことについては後述するので、概要はそちらに譲る（本章2を参照）。

　しかし、博物館を再生させるためには、行政が博物館の機能不全状態をきちんと認識し、施設の必要性を認めて、そのための具体的な手続きを経なければ実現しない。まずは、行政がなぜ「博物館を再生する」という判断を下したのかということについて、その背景と経緯を述べることにする。

(1) 日本キャリアデザイン学会の開催

　私が法政大学に移ってから3年目の、2005年6月に、野田市で日本キャリアデザイン学会の中間大会（金山2006）が行われた。当学会は、法政大学においてキャリアデザイン学部を設置したことと合わせて、キャリアデザインやその支援に必要な知識や理論を構築することを目的に設立された。学問は机上で行うものでなく、現場との双方向的な関係があって成り立つものであるとの認識から、研究者と実務家のバランスに配慮して準備が進められた。そこで、市長の根本崇氏には自治体の専門家として、学会の理事になってい

ただいた。大会は、野田市と同教育委員会との共同により、「まちづくりとキャリアデザイン」というテーマで行われた。同時に、私から市長には博物館の問題（第1章5を参照）について、キャリアデザインの考えを踏まえて、再生させることを提言した。その結果、市長は「市民のキャリアデザインをはかる」ことを野田市の政策の一つに位置付けた。

　市長のこれまでの政策を振り返ると、都市基盤の整備、福祉、労働、農業、自然環境との共生などの行政上の課題についてメリハリをつけて順次進めてきている。決して網羅的ではない。一度に全てを実現しようとすれば、つい総花的になりがちであるが、区切りをつけながら市政を進めてきた。新たな政策として、「市民のキャリアデザイン」を取り上げることにしたわけだ。

　市民のキャリアデザインとは、地域社会における個人の自立化を促進させ、これまでのような、行政に依存する住民体質からの脱却をはかろうとするものである。市民として生きがいをもち、責任と自覚をもった自立的な生き方をめざすことを目的とする。キャリアデザインとは、地域社会における民主主義の担い手となる市民を育成していくことなのである。

　この中間大会において、根本市長は、自治体の首長として「三位一体の改革」の中で、行政と住民の役割について提言している。つまり、現状の地方財政難を踏まえて、これまでの行政の過剰サービスから脱却し、市民が主体性をもち自らの役割を果たしていくために、また一人一人がその考え方や行動を見直して、限られた資源を有効に活用して「まちづくり」に参加できるように、行政として環境整備を進めていくことを述べている。そして、行政主導で行う「まちづくり」から、市民との協働で行う「まちづくり」へ、人々の意識改革をはかることが不可欠、とした。

　中間大会を契機にして、野田市は、住民がキャリアデザインをはかる必要性を認識したといえる。行政は「公」として住民を主導・誘導するのでなく、市民がキャリアデザインにより個の確立をはかることを支援し、協働して「まちづくり」を目指す方向が示された。

(2) 中断していた新博物館計画

　博物館を再生するという今回のプロジェクトを立ち上げる以前に、実は野田市には新博物館の建設計画があった。このことについて触れておくことにする。

　1984年に策定された総合計画の中に「新博物館の建設」が位置づけられた。当時、博物館は建設後25年が経過していた。建物自体の耐用年数はまだあったが、当初から博物館の機能にそぐわないという設計上の問題があった。建物本体には展示室のほかに事務室が1部屋しかない。そのため当館では、同じ敷地内の旧茂木佐平治邸に付属する離れの建物を収蔵庫や学芸員室（整理室）に充てるなど苦肉の策をとってきた。博物館としてきちんと機能する新博物館の建設計画は、そのような事情から、総合計画の中で取り上げられたのである。

　総合計画は、前市長の時代につくられたもので、当時のどこの自治体にもあるような総花的で網羅的なものであった。しかし、それは博物館について十分に検証して計画されたものではなかった。そもそも当時の博物館自体に、それを司る指導者は不在であったし、人員や体制も整っていなかった。博物館協議会からの要請をうけて、あくまでも役所的な手続きによって計画されたものであった。

　しかし、新しい市長になると、「ちょっと待てよ」ということになった。首長が交代すれば、政策が見直される。1996年に根本市長のもとで、新総合計画の策定に向けて設置された「野田市まちづくり市民100人委員会」では、2年ほどの審議を経て、1998年に「まちづくり市民100人委員からの提言」が出された。そこでは、新博物館の建設は市民要望としては必ずしもまとまった意見にはなりえず、むしろ美術館を望む意見の方が目立った。その結果として、市長の判断により、それまでの新博物館計画を棚上げすることになった。丁度、ハコモノ行政が批判されていた時代でもあり、市民や議会からも反対意見が寄せられることはなかった。

2. NPO法人野田文化広場の発足

　博物館を指定管理者として運営するNPO法人野田文化広場は、その発足の準備に1年2カ月ほどをかけた。法人になってからの半年ほどの活動も含めて、その経過を表1に示す。
　まず、2004年4月から「検討会」を発足させた。メンバーは私のほかに地元に住む人たちである。職業は、商工会議所職員、保育園経営者、市役所職員、主婦、団体職員、税理士、グラフィックデザイナー、個人美術館経営者など10名ほどであった。毎月1回ほどのペースで会合をもち、ミッション、組織形態、マネジメントなどについて話し合った。
　活動では、中心市街地の人たちの活力が沈滞化していることを課題とした。その原因の一つには、個人や各コミュニティ同士が個別に活動しており、コミュニケーションがなかなかとれていない。それを改善するために、「文化」をキーワードにして、相互の垣根を低くして自己発見や刺激を与えあう関係づくりを目指すことにした。それを実現するためには、任意団体であるよりも、社会的な信頼性を得ることのできる法人格を取得すべきと考え、2005年6月にNPO法人格をとり、NPO法人野田文化広場としてスタートした。
　会の組織は、地元の古刹の住職が理事長、商工会議所の副会頭で会社社長が副理事長になった。理事長は、温厚篤実な方である。副理事長には、経営のプロとして組織を支えてもらい、さらに商工会との橋渡し役になってもらえる。私は、かつて当博物館の学芸員であり、NPO法人の立ち上げ役であることから事務局長になった。
　メンバーには、さらに企業経営者、障害者・高齢者福祉の代表者、元博物館長、自然保護団体会長、元学校長、高校教師、学生なども加わることになった。検討会の時のメンバーも合わせて多彩な顔ぶれとなった。
　発足時、正会員は、理事長1名、副理事長1名、理事15名、事務局長1名、監事2名、顧問2名、さらに一般会員8名の計30名であった。それ以外に、

表1 NPO法人野田文化広場の設立準備とその後の活動年表（2005年12月まで）

年 月 日	事　項	参加人数
2004.4.25	第1回検討会	8人
5.30	第2回検討会	8人、学生9人
6.27	第3回検討会	8人、学生12人
7.25	第4回検討会	6人、学生3人
8.21	マップ作成のため市内調査	8人
9.19	第5回検討会	8人、学生5人
10.31	第6回検討会	8人、学生8人
11.21	第7回検討会	8人、学生6人
12.19	経営作業部会	5人
2005.1.5	企画事業部会	5人
1.10	経営作業部会	7人
1.16	第8回検討会にて、会の名称を「野田文化広場」にする	8人、学生2人
1.30	野田文化広場設立総会	26人、学生6人
2.27	野田文化広場　第1回実行委員会	7人、学生2人
3.12	研修会：谷中見学会・法政大学キャリアデザイン学部シンポジウム	7人、学生4人
3.27	第2回実行委員会	5人、学生4人
4.17	第1回寺子屋講座	7人、学生9人
同	第3回実行委員会	4人、学生8人
4.24	第1回企画経営部会	7人、学生1人
5.15	第2回寺子屋講座	5人、学生6人
同	第4回実行委員会	3人、学生7人
6.8	NPO法人に認可される。NPO法人野田文化広場となる。	
同	第2回企画経営部会	6人、学生1人
6.19	第3回寺子屋講座	8人、学生8人
同	第4回実行委員会	4人、学生8人
7.4	第3回企画経営部会	3人、学生1人
7.6	山中直治部会	7人
7.17	第4回寺子屋講座	5人、学生6人
同	第5回実行委員会	4人、学生6人
8.21	第5回寺子屋講座	5人、学生5人
同	第6回実行委員会	2人、学生5人
8.3	山中直治部会	4人
9.5	第4回企画経営部会	6人、学生1人
9.18	第6回寺子屋講座	3人、学生4人
同	第1回理事会	11人、学生1人
同	観月会	10人、学生6人
10.5	研修会：谷中芸工展見学	2人、学生1人
10.16	第7回寺子屋講座	3人、学生6人
同	第7回実行委員会	2人、学生3人
11.7	第5回企画経営部会	6人、学生1人
11.13	第8回寺子屋講座	7人、学生5人
同	第2回理事会	17人、学生1人
11.23	研修会：野田市内建物見学会	3人、学生8人
11.28	第6回企画経営部会	6人、学生2人
12.18	第9回寺子屋講座	7人、学生3人
同	第8回実行委員会	4人、学生5人

表2-1 2005～2006年度寺子屋講座・まち仕事人講話一覧

回数	実施日	タイトル	講師（敬称略）	肩書き
1	2005.4.17	のだっこタイちゃんと歩いた40年～三足のスニーカー人生～	出野元山	漫画家
2	2005.5.15	初代南極観測船"宗谷"の話～陸（おか）の上で船を語り合う～	井上武志	元 船の科学館職員
3	2005.6.19	私のキャリアデザイン	金山喜昭	法政大学キャリアデザイン学部助教授
4	2005.7.17	樹木と語ろう、自然と人間～緑が囁く、緑が笑う～	佐藤要助	樹医
5	2005.8.21	樟職人の知恵と技	王ノ井芳雄	樟職人
6	2005.9.18	クラシックバレエに魅せられて	越膳充恵	越膳充恵バレエスタジオ主宰
7	2005.10.16	気軽にワインを楽しむ方法	侍山弘	ワインアドバイザー
8	2005.11.13	商店街の活性化とまちづくりの泡負	茂木弘良	株式会社千代自代表取締役／まちづくり協議会会長
9	2005.12.18	博物館・美術館の展示ディスプレイの世界	里見親幸	丹青研究所常務取締役副所長
10	2006.1.15	文化財を直す	林煥盛	東京国立博物館保存修復技師
11	2006.2.19	五感で感じる	小沢真也	（有）鳳月堂 魂の菓子職人
12	2006.3.19	身体に優しい畳の話～イグサで作るうコースター～	成田清知雄	成田畳店店主
13	2006.4.16	かまぼこは活きている	八木 潔	蒲鉾の八木橋代表
14	2006.5.21	"自然"と生きること	石川啓二郎	三協印刷株式会社会長／野田自然保護連合会会長
15	2006.6.18	生きている不思議 死なない不思議	高木次雄	日本指圧師会会長
16	2006.7.16	つくしんぼから やさしい風を……障がいをもつ青年達に導かれて	加藤蘭子	つくしん運営委員長／野田市障害者団体連絡会会長
17	2006.8.20	アテンションプリーズ・フライトアテンダント物語～空で学んだ私の人生～	高橋伸子	元日本航空フライトアテンダント
18	2006.9.17	大切なものを守る～家族で考える防犯対策～	田中鐘一	グリーン警備保障株式会社代表
19	2006.10.15	働くことと教育～山古志村と私～	坂牧光義	野田市立北部中学校校長
20	2006.11.19	保育士・看護師から学ぶ～アレルギー・伝染病・簡単なケガの対処について	認可保育園コビープリスクール 専任看護師・保育士たち	
21	2006.12.17	私の農業～人生を懸けて	遠藤徹也	エコファーマー遠藤農園代表
22	2007.1.21	プロ野球選手の原石	横渕 聡	ヤクルト球団総務部 前スカウト部
23	2007.2.18	ブライダルの仕事～晴れ舞台の舞台裏	長谷川愛	ウェディング・プロデュース フローラル代表
24	2007.3.18	スタジオから茶の間へ～ひとつの放送へのこだわり～	安田真一郎	NHKラジオセンター アナウンサー

第 2 章　博物館の再出発

表 2-2　2005〜2006 年度寺子屋講座・芸道文化講座一覧

回数	実施日	タイトル	講師（敬称略）	肩書き
1	2005.4.17	郷土人形の魅力〜熱い思いを語る〜	髙梨東道	郷土人形コレクター
2	2005.5.15	俳句を作ろう〜今日からあなたも俳人に〜	津々楽朋子	俳人
3	2005.6.19	野田と文学〜"のだ町物語り"もまじえて〜	中村藤一郎	詩人
4	2005.7.17	歌こそ、わが人生の友〜昭和という時代が生み出した文化遺産	須田敏男	歌謡史研究家
5	2005.8.21	みんなの座禅〜スローライフのすすめ〜	加藤純章	金乗院住職／麗澤大学教授
6	2005.9.18	異国の文化を知ろう〜台湾編〜	黄貞燕	法政大学客員研究員
7	2005.10.16	世阿弥の生涯と能楽〜小説「幽鬼の舞」を上梓して〜	森本房子	作家
8	2005.11.13	野田の仲間たち〜瀧和亭という明治画家について〜	ロジーナ・バッククランド	ニューヨーク大学大学院生／東京芸術大学客員研究員
9	2005.12.18	野田の考古学ことはじめ	下津谷達男	野田地方史懇話会会長
10	2006.1.15	日本舞踊と私、そして母	藤間勘美貴	藤間勘美貴会主
11	2006.2.19	日本酒文化について	白井一道	千葉県立野田北高等学校教諭
12	2006.3.19	野田の旧い町並み散策〜野田の原風景をガイドする〜	鈴木貴雄	むらさきの里野田ガイドの会
13	2006.4.16	油絵を身近に見よう	櫻木久美	洋画家／日展評議員
14	2006.5.21	音を楽しむ "音学" 講座	北村俊彦	野田市立岩名中学校教諭
15	2006.6.18	桶樽の文化史	小川浩	昭和女子大学講師
16	2006.7.16	語ること、演じること	梅田宏	劇団彩句代表／演出家／俳優
17	2006.8.20	コレクションを気軽に愉しもう〜ミニカーからトレーディングカードまで〜	飯塚保夫	ミニカーコレクター
18	2006.9.17	気軽に詩吟を始めてみませんか〜まず声を出してみましょう〜	染谷慧	吟道館師範
19	2006.10.15	俺のまねをするな〜書道人生 40 年、忘れられない人、ことば等を語る〜	桃太郎	書家
20	2006.11.19	ロボットと開く子供たちの未来	岡田見次	ロボカップジュニア千葉ノード代表
21	2006.12.17	まちなみ提案	山本和広	山本建設工業（株）専務取締役／まちなみ部会会員
22	2007.1.21	大名が通った道〜日光東往還について〜	木原徹也	野田地方史懇話会副会長
23	2007.2.18	声明（しょうみょう）〜仏教音楽〜	榊祐信	徳宝院住職
24	2007.3.18	俳句を作ろう　パート2	津々楽朋子	俳人

学生会員11名、インターンシップ生1名が活動していた。また、団体賛助会員として地元の企業、福祉団体、社会事業団体、宗教法人などからも協力を得た。2005年度の予算規模は約120万円。有給スタッフはおらず、全てボランティアにより運営した。なお人員構成や、賛助等からなる法人としての予算規模は、現在もほぼ同じ状況である。

　当時の活動は、まずは高望みをせずに身近なことからやろうということにした。そこで寺子屋講座、市内散策マップやニュースレターの発行、市民交流会を始めた。寺子屋講座は2005年4月から開始し、毎月1回、「まちの仕事人講話」、「芸道文化講座」、「親子体験実習」を開催した。「まちの仕事人講話」（表2-1）では、地元の人に仕事の技や人生を語ってもらった。参加者に自分のキャリアを語ることが、本人にとってはそれまでの生き方の棚卸しの機会になる。また、「芸道文化講座」（表2-2）は多彩な芸道の紹介、「親子体験実習」は子どもを対象にした講座である。いずれも講師の一方的な語りで終わらせず、参加者も自己紹介や感想を述べることでコミュニケーションの活性化をはかった。「親子体験実習」は親子間だけでなく、講座に参加をした大人と子供が自由にコミュニケーションする場となった。

　市内散策マップづくりは、「まち」の文化の棚卸し作業となる。地元に住む人たちでも地域の文化財を知らないことが多いことから、この作業を通して地元を理解する機会にした。完成した「野田散策MAP建物編」は、2005年8月に千葉県で行われた全国高等学校総合体育大会のバドミントン競技で、野田市に訪れた全国の高校生たちに配布した。ニュースレターは、会の活動記録とともに広報紙として発行した。市民交流会については、2005年9月に観月会を行った。会員のほか、寺子屋講座の講師や参加者に呼びかけて、当会と関わりをもつ人や、その知り合いの人たち約90名が参加して歓談の場となった。

3. 直営から指定管理者制度を導入へ

　行政は、政策を実行する一つの形態として、博物館を「市民のキャリアデザ

インをはかる」ことを実践する場に転換した。新しいミッションを達成するには、それまでの職員や組織体制では対応できないという判断のもとに、市は指定管理者制度を導入した。指定管理者制度は、これまで自治体が直営していた公共施設を民間が代わって運営することである。しかし、このようにユニークな政策の意味を理解して活動実績をもつ民間団体はほかにはなかった。しかしNPO法人野田文化広場は2年前から「市民のキャリアデザインとまちづくり」を標榜した市民活動を行ってきた。そのために当法人が随意指定をされ博物館を運営することになった。

指定管理者制度は、地方自治法の改正により2003年9月から施行された。これまで公共施設は自治体が直営で管理運営するか、公設民営方式の財団法人などに管理委託してきた。しかし、このたびの改正により、従来の管理委託制度に代わり、民間の団体や機関を選定することが可能となった。

なお、文部科学省の調査によれば、登録博物館や博物館相当施設で指定管理者制度を導入している事例は、全国で111館（文部科学省調査2006年2月1日現在）である。これらは、公設民営方式の博物館が指定管理者となり再スタートしたものや、民間（財団、企業、NPOなど）が委任されて運営しているものなどである。

(1) 直営の問題点

指定管理者制度を導入する目的について、各地の多くの自治体は、予算を削減すること、職員を減らすこと、組織を再編成することの、3点をセットで考えている。しかし、行政のこの判断も、住民からすれば何の実感もない。本来は、住民のニーズに立った効率的な運用と、サービスの向上をいかにはかるかが問われている（上山 1999）。

指定管理者制度は、これまでの直営方式とは異なる新しい仕組みである。博物館についていえば、直営の強みは経営の安定性と継続性にあるといわれる。しかし、その運営上の弱点を見落としてはならない。

まず一つには、予算を単年度で消化する単年度決算であることだ。ある年度

内に予算が残ると、残った分は次年度にはしばしば削減される。緊縮予算になるとなおさらである。そこで、不要でも予算を消化することを優先し、無駄づかいをする。よく年度末に、無駄な公共工事が駆け込みで行われるのはそのためである。

二つめには、館の方針とは別に役所の上層部や有力者の意向には服従せざるをえないことがある。ある公立博物館で聞いたことであるが、首長が選挙の支援者からもらった化石を博物館の一番目立つ場所に展示するよういわれたことがあったという。学芸員は不本意ながらもその指示に従った。しかし、歴史博物館の入口に置かれた化石はいかにも違和感があった。首長ばかりでなく地元の有力者や議員からの持ち込みは収集方針にそぐわないものであっても断わりにくいという。同じような事例は各地の博物館や美術館でも散見する。

三つめは、博物館の業務に関する決裁を本庁が行うことである。博物館は本庁の部局に属していることから、管理や事業関係の執行には部局長の決裁が必要になる。そのため、業務を執行するために、いちいち本庁に伺いをたてることになる。現場のトップである館長の権限は限られている。館長が非常勤職員であれば権限はほとんどない。現場のことは、そのトップが一番よく掌握しているにも関わらず、現場を知らない本庁の管理職が判断を行うという奇妙な仕組みになっている。時間と手間がかかる上に、業務の妨げになることもしばしばである。

四つめは、利用者を顧客と捉える発想が希薄なこと。公共施設は住民の税金で運営されている。公立博物館も同じである。博物館は誰のためにあるのかといえば、人びとの生活や仕事などに貢献するためである。住民に税金を支払っていることを妥当だと思ってもらえるようにならなければ、博物館は無用の長物とされかねない。

五つめは、どのような博物館でも開館してから5年、10年も経過すればマンネリ化が生じることである。当初の目標が達成されて満足いくものになっても、必ずどこかの時点でイノベーションをはからなければならない。社会変化の激しい現代では、ミッションもその変化に合わせて見直すことになる。それ

は5年でもあり得ることである。ミッションが変更されると、それに連動してビジョンや事業も変更することになる。新たに必要な人材も出てくるし、ネットワークや連携なども再構築することになる。やることは山ほどある。また、イノベーションをするためには、まず実態を調査分析することから始めなければならない。しかし、行政の体質は、それまでのことを決められた通りに毎年こなしていく前例踏襲型である。そのパターンは博物館にもあてはまる。よって、現実にはそのまま放置されることが多く、その結果として博物館の公共施設としての役割は失われがちとなる。

六つめは、職員の能力や仕事の成果が給料や昇給にはほとんど反映されることのない平等主義である。あまり仕事をしなくとも、きちんと出勤していれば問題にならない（正職員は、誰でも年功序列型の賃金体系と終身雇用によって生活が保障されている）。よって、仕事に対して、事なかれ主義になりがちだ。

(2) 指定管理者制度を活用する

これに比べて、指定管理者制度の利点とは何だろうか。行政は、直営よりも少ない予算で施設の運営ができると考えている。ほとんどの自治体は指定管理者に業務を移行する場合、予算や人員の削減を主な目的としている。

公園や体育館の管理や清浄業務などならば、直営で運営するよりも民間に管理を任せた方が効率的にサービス向上をはかることができるだろう。しかし、博物館のように専門性が要求される文化施設の場合には、予算削減を前提にされると運営が立ち行かなくなる。そもそも博物館は、基礎的な機能としてコレクションの収集や保管などをするコレクション・マネジメントが不可欠である。その上に立って、住民からのニーズにこたえるサービスを提供していくことになる。一連の業務は、専門的能力や知識が必要であり、コミュニケーションや調整力も求められる。

それでは、公立博物館は直営方式の方がよいのだろうか。それは博物館の置かれた状況によるだろう。「行政改革」と称して、毎年のように事業費が減額され、職員も削減されて、施設を単なるハコモノとして管理する機能不全の状

態になっているとしたら、即刻見直すべきである。

　その場合には、指定管理者制度を活用して博物館の改善や改革をはかることが一つの手法となる。但し、行政は、指定管理者制度の導入を予算や人員の削減策だと最初から安易に考えないことが前提となる。また、機能不全に陥りそうな文化施設の場合は、ミッションも不明瞭なことが多いので、ミッションをきちんと位置づける。博物館のもつ特性を踏まえて、ミッションの達成に向けて柔軟な運営をすることができるように配慮し、住民サービスの向上と効率的な運営を目指すことが求められる。その場合に、指定管理者制度の利点を次のように整理することができる。

　一つめは、契約期間内の予算は毎年一定額を確保することである。契約期間は通常３年から５年程度であるが、博物館の円滑な運営のためには最低５年は必要である。長いところでは８年という事例もある。いずれにせよ、契約期間内は安定的に事業を運営することができる。直営だと、毎年の予算査定に一喜一憂することになるが、指定管理者になると予算の見通しがつく。そのために契約期間内の中長期的な事業計画を立てやすくなる。

　二つめは、現場である博物館が主体的に意思決定して事業をすることができる点である。直営では、館長の決裁権は限定的であり、ほとんどは本庁が最終的な判断をすることになっている。しかし、指定管理者が本庁の決裁を必要とすることは、コレクションの収集など、ごく一部のことに限られる。コレクションは公共財として自治体が所有するので、寄贈を受けることや購入するなど収集については本庁が判断することになる。ただし、こうした一部のケースをのぞき、実際のところは指定管理者の館長が決裁できるように、現場の判断が尊重される。

　三つめは、指定管理者制度は効率的に住民サービスをはかることを制度上の目的にしている点である。これにより、利用者を顧客と捉えてその満足度を高めることが求められる。

　四つめは、必要な経費と、無くてもかまわない経費を仕分けて無駄を省き、効率化をはかることができる点である。近年の財政難のもとでは、直営だと、

新規の予算がつくことはほとんどない一方、一定の予算を維持確保するために無駄な事業が行われている場合がある。指定管理者になると、直営の時代に無駄となっていた経費を、運営の工夫によって省き、必要な事業へ組み換えることができる。

　五つめは、指定管理者は、館のミッションを理解した上で、その博物館ならではのオリジナルの事業を、年次計画によって柔軟に実施していくことができる。直営だと、前例踏襲と事なかれ主義的な事業を継続しがちとなる。総花的で他館と同じような事業も多くみられる。しかし、指定管理者は年度ごとに事業計画を再検討する機会を利用して、それまでの課題を整理し、事業の改善を提案することができる。すなわち、PDCAサイクルが実践されやすい運営の形態が実現できるのである。PDCAサイクルとは、プラン（Plan）・ドゥー（Do）・チェック（Check）・アクト（Act）、すなわち、計画・実行・評価・改善を意味する。こうして博物館の活動を進化させていくことになる。

(3) 行政経営者としての市長の判断

　野田市で指定管理者制度を導入するにあたり、根本市長は直営時代から転換をはかるため博物館の特性に配慮して行政経営上の判断をした。

　まず、博物館を再生させて、市民の生活に必要な場に転換していくために、役所内の縦割り型の行政という常識を捨てた。博物館の敷地は、元来は醬油醸造家の茂木佐平治家の屋敷であった。1956年以来、旧邸宅は市民会館（国の登録文化財）として市の民生部局が所管して、貸館（部屋）事業をしてきた。一方、博物館は教育委員会の所管であった。市長は博物館を再生する準備段階で、教育委員会が一体化して所管するように変更した。人びとに必要とされる博物館に転換させるため行政機構の弊害を捨てて実利を採った。つまり過去の常識を捨てたことになる。

　次に、公共施設にふさわしい施設に改修することを決めた。指定管理に移行してからの当面5年間に管理スペースと利用者サービスのスペースについて毎年計画的に改修する。例えば管理スペースでは、市民会館内に学芸員の事務室

と、人々が自由に集えるスペースをセットにした部屋に改修する。そこにはカウンターを設けて、学芸員が直接、来館者からの質問や問い合わせへの対応などをする。同室には、全国の博物館から送られてきた図録など、これまで収蔵庫内の非公開になっていた書籍類を開架して、誰もが自由に閲覧できるようにする。

　博物館の方は、これまで空調設備がなく冬は石油ストーブで館内を暖めていたが、エアコンを設置して快適な環境にした。また、可動式の壁面パネルを設置して、展示の汎用性を高めるようにした。こうして、これまでほとんど手つかずになっていた施設の改修が行われたことで公共施設としての清潔さや快適さが生まれた。

　また市長は、政策実現のために必要な人員と予算を認めた。職員については、直営時代のように館長や事務職は常勤職員にせずに非常勤にした。その代わり、1人であった学芸員を3人に増員した（3年後には4人にした）。事務職は庶務業務にし、会計事務は外注に出して合理化をはかることにした。

　また、博物館の基礎である資料購入予算を増額し、ホームページの開設と運営の予算もつけた。これまでの特別展年1回体制から、企画展は年3回、特別展1回とする予算が措置されるなど、結果として直営時代の予算規模とほぼ同額の予算となった。市長の考え方は、博物館における指定管理者制度は、はじめから財政削減を目的にするのでなく、市の政策を形にする上で、必要な予算については手当するというものである。これにより、住民サービスの向上をはかることができるし、結果的に経営の効率化がはかられることになった。

　もう一つは、本庁から学芸員を一人派遣して、博物館業務の引継役にしたことである。派遣期間は3年間。これは博物館機能を引き継ぐために大切なことである。博物館は他の施設と違い、マニュアルがあれば運営できる施設ではない。たとえば未整理の資料の管理や収蔵庫内の資料の配架など、必ずしも適切に行われていたとは限らない。前任者の記憶や経験に負うところが大きい。また、作業に手間のかかる資料については、整理途中であることも多い。

　博物館の仕事は、やはり現場をよく知る経験者から指導をうけて仕事しなが

ら専門的な技能を習得していくことが一番の近道である。また、NPOが雇用した職員は学芸員の有資格者であったが、実務経験はなかったのでとりわけ必要なことであった。市役所から派遣されたのは、私が博物館にいた当時の学芸員であったので、業務の引き継ぎ役としては適任者であった。

4. NPOが博物館を運営する

(1) 新しくミッションをつくる

NPO野田文化広場は、これまでの博物館の基礎的機能を継承しながら、市の政策に整合させて、新しいミッションを次の三つに整理した。

①ミッション1:地域の文化資源を掘り起こし、活用する博物館

これまで脆弱であった博物館機能を高めることである。コレクションを充実させることや、その整理や管理などのコレクション・マネジメントの仕組みを整備する。また、地元の文化資源を調査研究することによって、その成果を学術的な成果に仕立て上げるとともに、情報を発信する。さらに、地域の人たちの生活に役立つように活用をはかる。

②ミッション2:人やコミュニティが集い交流する博物館

多くの地域社会は、それぞれのコミュニティ(家族・学校・商工業者・農業従事者・市民団体・福祉関係者・役所など)が分断的に孤立している。近年の野田市もその例外ではなく、そのことが地域の衰退化の大きな原因となっている。そこで博物館は文化の拠点として、さまざまなコミュニティに所属する人たちの相互のコミュニケーションの推進役になる。

③ミッション3:人びとの生き方や成長を支援して、キャリアデザインをはかる博物館

近年、これまでの経済成長を続けていた社会では通用してきた生き方を続けることができなくなっている。大企業の社員が突然リストラされてホームレスになることや、働きたくても働けない若者の急増などは、その一例であろう。人の生き方が社会の変化に追いつくことができない状態になっている。これは

ビジネス面ばかりでなく、地域社会の人々の生き方も同じように変化している。少子高齢化によって地域に活気がなくなったり、家庭に引きこもりがちとなる高齢者が増加するなどである。これからの博物館は、地域で生活する人たちの生き方を支援する。

(2) ミッションを実現するための体制と仕組みをつくる

こうしたミッションを実現するためには、まずはそれにふさわしい体制と運営の仕組みをつくることになる。

NPO法人野田文化広場には、私のような同館の元学芸員のほかに、元館長、学芸員資格をもつ大学院生など博物館を運営する技能をもつ者のほかに、様々な職種や経歴をもつ人たちが集まっていた。当団体ならば、ビジョンに基づいて博物館を再生できる、という市の判断で、NPO法人野田文化広場は指定管理者の選定にあたり随意指定となった。契約期間は5年間となった。

そこで、NPOによる博物館の組織や運営体制を表3のように整理する。参考までに直営時代の博物館と比較をしてみよう。

まずは、職員の構成からみよう。NPO運営では博物館機能の強化をはかるために学芸員を4人に増員した。最初の3年間は、市職の学芸員を業務の引継のために配置したので、新規に採用したのは3人であった。4年目には、派遣されていた学芸員が本庁に戻るタイミングで、学芸員をさらに1人採用した。館長は地元の民間企業を定年退職したばかりの、管理職の経験をもつ人である。私は、博物館のミッションを実現するために運営をアドバイスする役となる。事務員は会計と庶務を担当する。決算書の作成などの専門的な業務は会計事務所に外注する。また、博物館を市民会館と一体的に運営することになったことから、管理の範囲が広がったために、用務員を1人増員した。さらに、新たに資料整理員を採用し、学芸力の強化にあわせて学芸業務の庶務や、資料収蔵庫内の整理、また資料に関するデータの入力作業などをすることにした。

それに比べて、直営時代では、館長、事務員、学芸員は各1人であった。館長は一般職の課長や部長級で、多くは定年退職を控えた人たちであった。館長

表 3 NPO 運営(2010 年度)と直営(2005 年度)の組織と運営体制の比較(野田市郷土博物館)

比較項目	NPO 運営	直営
正規職員(常勤)	学芸員 4 人	館長 1 人・事務員 1 人・学芸員 1 人
臨時職員	館長 1 人・事務員 1 人・用務員 4 人・資料整理員 2 人	用務員 1 人・補助員 1 人
運営期間	5 年(更新あり)	無期限
運営会議	企画事業委員会(毎週 1 回)事業戦略会議(隔週 1 回)	定例会議なし(臨時)
委員会	法人総会(年 1 回)法人理事会(年 4 回)	博物館協議会(年 3 回)
人材育成	専門職研修(千葉県博物館協議会・国立系機関など)、キャリアデザイン研修	専門職研修(千葉県博物館協議会・国立系機関など)
職員間のコミュニケーション	館務日誌や週報をメールで共有するほか、朝礼、運営会議等	随時

の業務は館務全体を統括することだが、実際は本庁の会議や、各種の委員会への出席、予算編成の時期には予算書の作成、本庁との連絡や交渉をしていた。こうした事務系の館長が地域の住民団体、学校、企業などに渉外活動をすることはほとんどない。専門的な業務は分からないので、学芸員の業務には立ち入ることをしない。学芸員もたった 1 人ではやれることは限られてしまう。

　NPO が運営する契約期間は 5 年間。3 年では短いが、5 年であれば PDCA サイクルが一巡する。直営に比べれば、メリハリのつく運営ができる。ミッションの実現が期待される事業だと位置づけたものでも、チェックの段階で期待する成果が出なければ修正する。こうしてミッションの達成に向けて PDCA サイクルを機能させる。しかし、ミッションは金科玉条ではない。ある時期になるとミッションそのものを見直すことが必要になることもある。

　ところが、直営方式ではこのようにメリハリのある運営をするのに適した仕組みになっていない。博物館を評価する仕組みをきちんと位置づけて機能させることができればよいが、そうした博物館はまだ少ない。そのために、単年度

ごとに事業を場あたり的に進めることが多い。事務系の館長などの管理職は数年単位の人事異動で入れ替わることが多く、中長期的に運営を統括できない。

　NPOでは毎週1回の企画事業委員会を行っている。メンバーは、私が進行役となり、館長、学芸員、事務員のほかに、NPO法人の会員で博物館業務に関わりの深い者も出席する。最近では隣接する春風館道場をNPO法人野田春風会が運営するようになったので、両者間の連携をはかるために同団体の代表者や市役所の社会体育課の職員も会議に出席する。なお、私が出席できない場合も、上記メンバーで会議をする。議事録は必ず作成し、欠席していた人にも様子が分かるよう、次の会議で再度確認をする。また、これとは別に指定管理期間が5年目に入ってからは事業戦略会議を設けて、これまでの4年間の活動に対する自己点検を始めた。ここでPDCAのチェックをして修正を行い、次の第2期目の指定管理業務に向けた準備をした。

　それに対して、直営時代は、運営会議のような定例的な打ち合わせはほとんど行われなかった。理由は、先述したように職員が少数であることや、職務が異なるので、個人の裁量で進めていたからだ。

　人材育成については、指定管理者になってからも直営時代と同じように県内の博物館職員研修会や国立系機関が主催する研修会に参加している。しかし、NPOでは、市民のキャリアデザインを支援するために、博物館が主催する専門家によるキャリアデザイン関係の講演会やワークショップに博物館職員も参加するようにしている。

　組織内のコミュニケーションは、とても大事である。NPO運営になってからは、先述したように企画事業委員会、事業戦略会議などを中心に、職員間の密接な意思疎通と情報共有が行われている。また、学芸員は館務日誌を作成する。それを電子メールで、館長やNPOの理事などの関係者に送っている。組織の主な人員は6人（館長1人、事務員1人、学芸員4人）と少数でも、毎日顔を合わせるわけではない。館長、事務員の勤務形態は非常勤なので、なおさらである。館務日誌や業務報告をメール上で共有することは、そのハンディを補う役割をもつ。館長は、毎日の館務状況を知ることができれば、出勤日にす

べき仕事をあらかじめ用意することができる。法人の理事などの関係者に対しても、当事者意識を持続させるばかりでなく、何かおかしなことや気づいたことがあれば、メールでコメントすることができる。理事は、総会や理事会だけでなく、経営者として博物館の現場に日常的に関与することができることになっている。

　館務日誌の項目は、こうである。日付、天候、博物館来館者数、市民会館来館者数、市民会館貸部屋利用者数（団体数、人数）、勤務者名（勤務時間）、開催事業、来館した法人関係者名、業務にあたった博物館ボランティアのメンバー、博物館・市民会館の様子、市民からの情報提供、市役所職員の来館、館務で本庁に行った職員、特記事項（市との連絡関係、広報・宣伝関係、事業関係、法人関係など）。最後に日誌を作成した学芸員名を記載する。簡単な体裁であるが、その日の様子は、これでだいたい分かる。毎日つけるのだから、煩雑にすると続かなくなる。1年分たまると、年報や自己点検のデータにも使える。また、学芸員ごとに1週間分の業務の概要を書き出してメールで送る。これによって、個別の業務を職員間で確認することができるし、NPOメンバーへの周知にもなる。

　しかし、直営時代は館長、事務員、学芸員の職務がそれぞれ異なることで、定例の打ち合わせ会議もせず、業務上の意思疎通は十分にとられていなかった。

(3) 必要な予算を確保する

　次に予算を比較する。予算は、直営時代よりも僅かに増額している（表4）。博物館は4056万円、市民会館は管理費だけで654万円。つまり直営時代は約4710万円。それを両者合わせて約4750万円にした。一般的に直営から指定管理者に移行すると、それまでの予算に比べて数割削減することが多い。だが、野田市は予算を増額した。それは「無駄を省くことは必要だが、無機質な人間味のないものであってはならない」という、市長の基本的な考え方にもよる。（根本 2010）。博物館や市民会館は元々の予算額が少なかったことから、それ

表4 直営時代（2006年度）とNPO運営（2007年度）による野田市郷土博物館の予算の比較

（単位：千円）

項　　目	2006年度		2007年度
人 件 費		28,370	22,514
管理費（博物館）	5,666	12,213	14,053
管理費（市民会館）	6,547		
事 業 費		6,174	9,661
資料・図書購入費		350	1,300
小　　計		47,107	47,528

を基準にして一律して予算を削減してしまえば運営が立ち行かなくなると危惧したからだ。市議会もそれを決めた。

予算書で注目すべきことは、費目の配分額を大きく組み替えたことである。人件費は正規職員3人（館長1人、館長補佐1人、学芸員1人）から、館長非常勤1人、事務職非常勤1人、学芸員4人（内1人は市職の学芸員、派遣期間3年間）に変更した。他に臨時職員分の予算がついた。事業費は、これまでの特別展1回から、他に企画展3回の計4回分を加え増額した。博物館の資料と図書の購入費も、35万円から130万円に増額した。直営時代と比べて、実情に合わせて、限られた予算を有効に配分する。直営時代は70％におよんでいた正規職員の人件費の比率を47％に減らしながら学芸機能を充実させた。そして、人件費の減額分とあわせた53％を事業費、資料購入、管理費の増額にまわした。

5. ガイドの会との連携

先述のようにしてNPOを立ち上げたときに、機能不全の博物館を「地域の人たちにもっと有効に活用される博物館になるように再生させたい」ということも課題とした。それを実行するために、日常的な運営面でも市民団体との連携をすることにした。

それは「むらさきの里　野田ガイドの会」（以下、ガイドの会）という市民団体である。この会は2004年10月に発足した。会員は40人（2011年4月現在）である。これまでにのべ2万人以上の人たちに野田市内を案内している。会員の平均年齢は約65歳。NPO法人野田文化広場が博物館運営の準備をしている

頃、ガイドの会は発足してから2年ほどが経っていた。どのような市民団体でもそうだが、発足当時は会長や事務局長の自宅を事務所に充てているものである。しかし、会の活動が軌道にのってくると、それまでのように本人が自宅で事務を行うことに限界をきたすようになる。事務量や、打ち合わせや、準備作業も増える。自宅で家族の支援が続けばよいが、必ずしもそうとは限らない。本人の熱意や努力だけでは、もはや通用しなくなる。

　ガイドの会もまたこうした時期を迎え、拠点となる場所を探していた。そのような時に、私とガイドの会の会長と事務局長との打ち合わせが行われ、市民会館の一室をガイドの会の専用スペースとして使えるようにした。市民会館や庭園は、それまでにも案内コースとしてきた馴染みの場所である。よって、NPOとしては同会に博物館と連係したガイド事業を担当してもらうことにした。そのようにして基本合意ができた。

　このような「まちのガイドの会」は全国各地で活動している。社団法人日本観光振興協会によれば、その数は概数ながら約1,600団体。千葉県内だけでも36団体である。しかし、そのうち博物館を拠点にした「まちのガイドの会」の例は珍しい。

　博物館がガイドの会と連携する上で期待される効果は次のとおりである。

　一つめは、ガイド事業を取り入れることで、来館者サービスの向上になる。

　二つめは、博物館のご意見番として客観的な立場から、その運営や活動について意見やアドバイスをもらえる。

　三つめは、ガイドの会のメンバーが博物館のキャリアデザイン事業の推進役になる。たとえば、「まちづくりワークショップ」や、キャリアデザイン講演会などのように、キャリアデザイン事業はこれまでの博物館事業とは少し異なる面がある。そうした事業にメンバーが参加することで、事業の内容や魅力が口コミ効果で地域に普及していく。まずは身近な人たちの理解を得ることから始めるのである。

　四つめは、新人学芸員の人材育成にもなる。学芸員たちは全員市外出身者であることから、地元のことはもとより、利用者とのコミュニケーションのとり

方など、なんでも気づいたことを同会メンバーからアドバイスしてもらうことにした。人生の先輩から学芸員が学ぶ点は多いはずである。

第3章　キャリアデザインという考え方

1. キャリアデザインとは何か

　本章では、野田市郷土博物館を再生するうえで、「市民のキャリアデザインをはかる」ことを新しくミッションとしたことから、「キャリアデザイン」の考え方について述べることにする。

　キャリアデザインとは、まだあまり聞き慣れない言葉かもしれない。そもそもの語源を辿れば、＜キャリア＞とは、馬車の轍のことをいう。それが転じて人の生き方や人生を意味するようになった。

　筑波大学の渡辺三枝子氏が述べるように、"キャリア"とはライフスタイルという概念に重なる。そのうえで、「個々人が、具体的な職業や職場などの選択・決定をとおして、時間をかけて一歩一歩努力して進んでいくものであり、創造していくものである。個人が何を選び、何を選ばないかによって作り出されるものであるから、ダイナミックであり、生涯にわたって展開されるものなのである。したがってキャリアは個々人にとってユニークな（独自）なものである」（渡辺 2001）という。法政大学の川喜多喬氏はキャリアについて、「労働・職業の世界での生き方に限定されず、人が次々に採っていく、生の諸過程（ライフプロセス）であり、それがある種の生き方（ライフスタイル）を表現するものである」（川喜多 2004）という。

　つまりキャリアとは、特定の職位や職業経歴をさすものではなく、人の生きてきた道程や生き方を意味する。ここでいう"デザイン"とは、主体的に個人が設計や再設計するということである。キャリアデザインとは、これまで受身

的に社会や他者に任せてきた人生や生き方から、もっと主体的に自らを開拓する自立的な個を目指す生き方に転換することを意図している。

キャリアデザインの考え方には、いくつものアプローチがあるが、ここではまず個人のアイデンティティのあり方から確認しておきたい。

(1) アイデンティティとは

中西信男氏らが著した『アイデンティティの心理』(中西信男ほか 1985) では、アイデンティティの概念を提唱したことで知られるエリクソンのアイデンティティ論 (E・H・エリクソン 1973) を解説している。それによれば、アイデンティティ概念は少なくとも自己同一性と自我同一性に分けている。自己同一性とは「自分自身の中に一貫して保たれる斉一性と、その自己同一性を根本的に特徴づけるような何らかの性格と一致することによる他者との共存である」という。この場合の自己同一性とは、自分について自分も他者も同一の人と認める「斉一性」、昔の自分も今の自分も一貫して同じであるという「連続性」、自分自身は何らかの集団に属して一体感をもっているという「帰属性」の三つの基準からなる。一方、自我同一性とは、この自己同一性が自我の統合的・総合的な機能によって保たれている程度をいう。

近年、法政大学の児美川孝一郎氏はアイデンティティを次のように定義している。「自分が一貫した存在であるという自己意識であると同時に、自分が社会的に承認されているという意識である」。また「私自身が意識する"かけがえのない私"の感覚であると同時に、他者から承認される"ほかでもない私"の感覚でもある」と二通りの表現をしている(児美川 2006)。いずれにしても自己意識としての部分と他者から承認をされる部分の両面を兼ね備えた状態をアイデンティティとしている。

(2) アイデンティティの再生

エリクソンによれば、アイデンティティは青年期の発達課題であるが、それは一度獲得したら終生変わらず保ち続けるものではない。アイデンティティの

形成は生涯続く。青年期以降の各段階でも「アイデンティティ」は継承される。

中年期(ここでは成人期と壮年期を総称する)や高齢期でもアイデンティティの立て直しが行われる。青年期には大人の仲間入りをするための最初の通過点としての意味合いをもっていたが、中年期以降はそれとは異質である。

中年期以降のアイデンティの問い直しの実態を具体的に示した事例として武則祐子氏の研究がある（武則 1982）。その研究は、成人期には転換期と安定期の繰り返しのパターンがあることを明らかにした。転換期にはアイデンティティの問い直しや再構築が行われる。具体的には20代の転換期、30代前半の安定期、30代後半から40代の転換期、50代に再度の安定期という過程がある。転換期から安定期の過程には中立期（モラトリアム期）を経る。30歳前半の安定期は青年期のアイデンティティ形成の定着と安定、50代の安定期は中年期のアイデンティティの問い直しと再構築後のアイデンティティの再確立によるものだという。その知見を基にして図2に示す。各転換期は武則氏の知見から次のようになる。

転換期①では、青年期のアイデンティティの構築が行われる。それまで居心

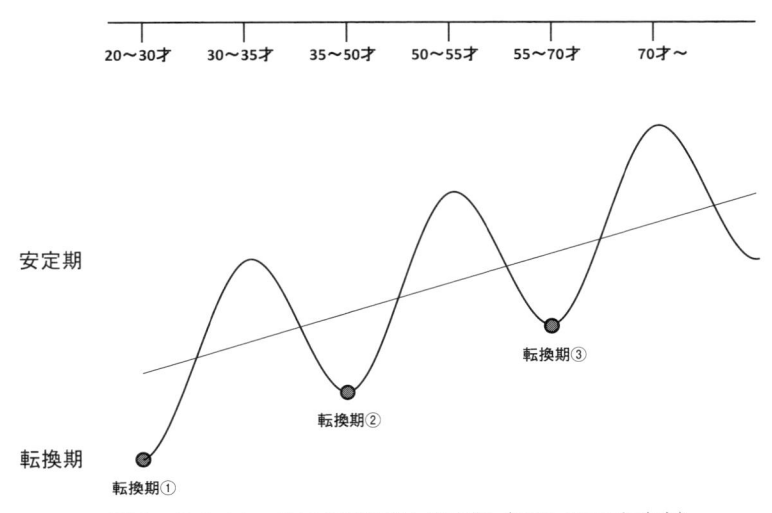

図2 ライフキャリアの転換期と安定期（武則 1982を改変）

地の良かった子ども時代から決別して大人の仲間入りをすることを意識する。自分の人生はこれから始まるという意識が強く、それまでの発達段階に比べて精神的な変わり目を強く感じる。肉体的には健康体であることが普通である。

　転換期②は、中年期のアイデンティティの見直しと再構築をはかる時期である。人生がこれから始まるという意識は低下して、将来への時間的な見通しをもちにくくなる。職業に関するベテラン意識は高いものの、仕事についての将来的な限界感が高まる。女性では子どもの巣立ちや、その後の自分の生活についての不安や関心が増える。50代前後になると肉体的には体力の危機を感じ、性的機能も低下する。更年期障害もこの時期に顕著となる。

　転換期③は、高齢期のアイデンティティの問い直しと再構築の時期である。定年退職を契機とする場合が多い。定年退職した人たちは仕事から離れると、自分は何者か、自分は何をしたいのかに疑問をもつ。あるいは人生の壁に突き当たって前途を描けなくなる。仕事に依存してきた度合の高い人ほどその傾向が強く出る。これまでの自分の人生を振り返り、「これでよかったのか」と考えることが最も多くなる時期である。この時期はエリクソンの発達段階の図式でいくと「統合」を発達課題としている。再設計は、それまでの人生を総合評価する「統合」を兼ね備えている。また身体的な健康への危機感が出てくれば、死を受け入れる準備をすることになる。

(3) 人生の設計と再設計

　転換期①から③は人生を設計や再設計する時期、すなわちキャリアデザインが必要な時期とも重なる。しかも年齢の推移にともない各転換期は異質なものとなる。

　転換期①は、将来の人生設計をする時期である。具体的には、職業選択、結婚、親になることなどの人生設計を行う。自分とは何者か、自分は何をしたいのか、職業に就くこと、大事にしている価値観などを含めて、総合的な判断のもとで全てがマッチングすれば適職であるが、それはなかなか単純にはいかない。しかし少しでも理想に近づけていくことが理想的である。職業につくこと

は社会人としての役割である。結婚や子どもの出産や子育ては職業につくことによって実現をはかることが一般的である。

転換期②では、自らの人生を再設計する。背景には、家族や職場における社会的な役割の大きな変化がある。10年以上の在職を経験すれば、職場や業界について一通りの事情を理解する。経験を積み自らの裁量である程度の仕事をこなすこともできる。同業種の仕事で昇進していくと、男性は後継者の育成に関心をもつ。あるいはこれまでとは別の業種に変更することもある。例えば、営業で培ってきた人脈を生かして起業したり、ホテルマンから作家に転職したり、銀行マンから音楽家に転職することもある。いずれにしても現職時代に業種変更をはかるための準備や実績を積んでおくことが前提となる。

女性は子育て後の自分の在り方を自問する。たとえば地域での趣味や稽古ごとの「教室」に参加して、陶芸、書道、踊り、俳句、ダンスなどを楽しみ、仲間をつくる。あるいは福祉施設、学校、博物館、図書館などの公共施設でボランティア活動に参加して、家庭から離れた地域で活動する場を確保するようになる。

転換期③では、女性は男性よりも一歩先んじて地域活動に参加する。一方、男性は現職中にはなかなか自由な時間がもてずに、休日は自宅で休息するか、レジャーに出かけるのが精いっぱいで、とても地域で自分の居場所をつくるゆとりはなかった。男性は定年までひたすら働き続けてきた。定年退職後に再就職する人もいるが、以前のように仕事の能率は上がらずに第一線から離れた立場に置かれ、間もなく完全に離職する。そして、地域で"何をしたいのか""何ができるのか""何をしなければならないのか"という自分の役割、責任、使命を考える人生の再設計をする。

なお、ここで留意しておきたいことがある。以上に示した各転換期は1980年代の成長社会における人々のライフキャリアを踏まえたものである。現代のような成熟社会とは状況が異なる。現代の個人のライフキャリアは多様化している。また実際には転換期はもっと小刻みで変異に富んでいる。しかし、ライフキャリアに転換期が周期的に訪れることや、青年期以降にも一定間隔をおい

てアイデンティティを再構築すること、年齢層との対応関係なども、大略的にみれば現代とは大差はないものと考えられる。

2．これからの生き方

(1) 個人のライフキャリア形成

　表5は、これまでとこれからの社会で人びとの生き方がどのように変化するのか、個人レベルと市民レベルそれぞれについてまとめたものである。個人レベルでは、成長社会では個人は組織に依存していればベルトコンベア式に定年退職まで無事に仕事や生活ができた。しかし、成熟社会では自ら情報を収集して、それを分析判断して行動できる個人の価値が高まっている。官僚を辞して大学教員や政治家になる者、大企業の社員で脱サラして起業家になる者など、キャリアの流動化が進んでいる。現役時代ばかりでなく、定年退職後のキャリアも再設計する時代になっている。

　例えば、定年退職した人たちは、これまでは引退すると老後は趣味や旅行でのんびり暮らしたいという人たちが多かった。しかし、アイデンティティの問い直しや再構築に正面から向かい合うことになると、自分のやりたいことや、やらねばならぬことを前向きに意識するようになる。

　まずは家庭内でアイデンティティの見直しをはかる。団塊世代は亭主関白型で、夫は仕事、妻は家事というように役割分担が決められていた。夫は家に不在でも給料を運んでくることが役割であった。妻は子育てが一段落すると地域のボランティアやパートなどの仕事につくことで、それなりにうまくいっていた。しかし夫が定年退職すると、夫婦二人が自宅に毎日いる生活が始まり、これまでの生活は変更を余儀なくされる。こんなはずではなかったと夫婦関係が軋み出す。そうならないために夫は家庭内でも自立することが必要である。妻が働いていれば夫が家事をやってもよい。夫婦共存をはかることである。

　法政大学の宮城まり子氏によれば、個人のライフキャリア形成には次の五つの要素が必要である（宮城　2006）。

①キャリア意識：自らを向上させ内面的に高めようとする意識、つまり「育自意識」。
②自己理解：まず自分は何をしたいのか、どのような自分になりたいのか、自分は何に興味関心があるのか、自分は何が強みなのかなどを整理する。自分の役割、可能性、使命は"want""can""must"とも換言できる。
③キャリア目標：何を大事にして生きたいのか、働きたいのか。これは価値観である。今日一日の目標からでもはじめる。1年後の自分、3年後の自分を描くなど中長期的な目標をもつ。自分が職場、家庭、地域で担っている役割や責任、まわりから期待されている役割とは何かについても分析する。
④目標達成のための自己啓発：具体的な行動や自分への先行投資を実行する。主体的に学ぶ。
⑤キャリアネットワークづくり：人脈づくり、多様な人たちとの交流、情報交換、異分野交流、世代間交流など仲間づくりを通じて他者理解をはかる。

以上の五つの要素を意識して生活や行動することができれば、ライフキャリアの各転換期（転換期①～③）をうまく乗り越えることができる。これはアイデンティティ形成に伴う自己の問い直しや再設計ともリンクする。すなわち、これまでの組織に依存する傾向の強かった個人から、個の自立に向かうことができるようになる。

(2) 市民のキャリアデザイン

もう一つ、これからの社会では「まちづくり市民」としての意識や行動も求められる。これは地域における市民レベルの再生といえるもので、個人レベルの再生とセットで語られるべきである。表5に示すように、市民はこれまでのように○○市の住民として行政への依存体質から脱却

表5　個人と市民のキャリアデザイン

	これまで	これから
個　人	組織依存型	個の自立
市　民	行政依存型	まちづくり市民

し、地域の一員として地域のために働く「まちづくり市民」となることが求められる。仲間をつくり他者と交流し、地域のためになることをするのが、「まちづくり市民」の"やりがい"や"生きがい"になる。福祉、教育、環境、自然保護などのように、その活動分野は多岐におよぶだろう。

内閣府が調査した国民の＜社会意識に関する世論調査＞（2008年度）によると、国民の社会貢献に対する意識は過去最高の69.2％に上る。その意味することは何であろうか。

一つには、NPO活動が身近な存在となり、市民が社会貢献するという意識が定着してきたことがある。今でもNPOといっても何を意味するか分からない人たちはいるが、福祉活動や自然保護活動で市民が活躍している様子は日常的になっている。人びとは、彼らが社会のために主体的に行動する姿を知っている。社会生活全般を行政が担うという固定観念が着実に取り除かれている。

二つめに、社会問題に対する危機感をもち、自分たちで何とかしなければならないという問題意識をもつようになったことがある。山積する世の中の問題を人任せにせず、行政だけでは手に負えないことについて、自ら主体的に取り組み危機を乗り越えようとするのである。世論調査では、環境美化、リサイクル活動、牛乳パックの回収といった環境や資源保護の活動や、老人や障害者の介護などの社会福祉活動をしたいという人たちが上位を占めている。

三つめは、趣味や旅行だけでは満足感が得られなくなっていることがあげられる。満足感とは、内的な充足感のことである。例えば趣味や旅行などによる外的充足感は、お金で得ることができる。しかし、もっと高い価値の充足感を得るには、一つめや二つめの理由などと複合して、社会のために何かをすることだと人びとが気づきはじめた。

世論調査によれば、社会貢献に対する意識をもつ人たちは定年退職を前にした世代、つまり50～59歳が最も多く75.8％で、それに次いで60～69歳が73％と続く。70歳以上になると56.5％と低下するが、それは家族や本人の健康問題などが生じるからだと思われる。

よって、定年退職後の70歳代までが社会貢献する適齢期である。しかしそ

の前から事前準備をしておくことが必要である。妻は一足先に地域活動をしている。夫も地域での居場所を早めに見つけておくようにするべきだ。総じて、50代から70歳代までの中・高齢期の人たちは「まちづくり市民」の有力な候補者だといえる。

(3)「まちづくり市民」となるために

さて、自立して「まちづくり」に参加する「まちづくり市民」とは、どのような特徴をもつのだろうか。「まちづくり」は個人プレーではなく他者との協働の産物のため、一人一人がグループの一員として、次の五つの要件をもつことが大切である。

　①地域や他者に貢献する目標をもつ（mission）
　②具体的な活動をする (work & play)
　③目標を実現するために学ぶ (learning)
　④その活動を地域や他者に開く（open）
　⑤他者との連携やネットワークをつくる（connection）

①は目標を明確にもっていることである。その目標とは自分たちのためではなく、地域のためになる社会貢献的な意味を含んだものである。なにも大きな目標を立てる必要はなく、たとえば、町内会の人たちが美観環境を良くするために花壇を作り、道行く人たちに喜んでもらうことを目標にする、など身近なところからはじめる。

②はそのための具体的な行動をさす。労働のように耐え忍ぶ活動ではなく、楽しさがなければならない。しかし、楽しさだけではなく目標を達成するために、一つの方向に向かう努力をしなければならない。時にはグループ内の意見の対立が生じることもある。しかし、それを乗り越えていくことで更に充実した活動が期待できる。

③は目標を達成するために継続的に学ぶことである。学習会、グループワーク、巡見など多様な学び方がある。たとえば①の町内会での美観づくり活動では、四季にふさわしい花の選定、栽培技術の習得、花壇のデザインをどのよう

にするかなど、学びの要素はたくさんある。また、一度作れば終了するものではない。学び続けることでバージョンアップをはかっていくことが大事である。

④は「まちづくり市民」の活動は趣味の会のように仲間内の閉じた活動ではなく、いつでも他者に開放することである。自らの情報を他者に提供する。提供を受けた側からは何らかの見返りが期待される。その関係性がうまくいけばネットワークに発展する。

⑤は④とも連動するが、自己に対する他者との連携を通じてネットワークを構築することである。自分たちの地域ばかりでなく、他の地域や海外とのネットワーク形成もインターネットの普及によって可能になっている。

①から⑤がうまく機能するようになると、最初は身近で小さな活動が、地域を活性化させるような次第に大きな活動に進化するようになる。

第4章　博物館と市民のキャリアデザイン

1. ＜学び＞とアイデンティティの形成

　市民のキャリアを支援するために博物館は何ができるのだろうか。本章では博物館が市民のキャリアをどのように支援することができるのかについて考えてみたい。そこで、まずは＜学び＞とアイデンティティ形成の関係性について触れることにする。

　法政大学教授の佐貫浩氏は、人間にとって＜学力＞とは目的や課題を達成するための行為としたうえで、＜学力＞を三層の構図からなるとしている（佐貫2005）。佐貫氏は、この構図を、学習する行為、あるいはその過程を意味する＜学び＞と置き換えてもよいとしていることから、ここでは＜学び＞とする。＜学び＞には自分の主体性や能動的な意思という意味が含まれている。図3は佐貫氏が作成したモデルを改変したもので、＜学び＞とアイデンティティ形成の位置関係を仮説的に示したものである。

　佐貫氏によれば、第一の階層は基礎的な知識を獲得する「基礎的知識の習得、理解の階層」である。その上部に第二の「習熟的学力」の階層がくるが、それは第一の階層で獲得した知識を自由に使いこなせる力へと組みかえることをいう。第三の階層は第一・二の階層を踏まえた「探求・創造・表現の力の階層」で、作品の創造、討論など社会参加につながる。ここで留意すべきこととして、三者の関係性は必ずしも第一階層から第三階層に向かうとは限らず、その逆の順序もあるし、第一階層から第三階層に移ってから第二階層にいくこともある。あるいは三者がほぼ同時並行に共存することもあるということである。

図3に示すように、＜学び＞の主体者は自己である。しかし他者との共存を抜きにして＜学び＞の各段階の課題を解決することは難しい。この場合、自己とは、他者の存在との双方向性の関係上に成り立つ。たとえば学校で歴史を学ぶには教師という他者の指導によるところが大きい。博物館では学芸員による指導や展示解説なども同じである。自習も大切だが、基礎的知識を得るためには、それだけでは不十分である。

　「習熟」の段階でも、個人だけではなくグループワークや他者との対話・交流をすることにより自己の習熟力が高まる。グループワークとは、複数のメンバー（参加者）による共同学習のことである。なかでもワークショップは有効である。ワークショップは、「参加体験型グループ学習」といわれるように「参加」「体験」「グループ」をキーワードにしている。「参加」とは講師の話を一方的に聞くのでなく、参加者が主体的に関わること、「体験」とはアタマだけでなく身体と心を総動員して感じること、「グループ」とはお互いの相互作用や多様性の中で分かち合い刺激し合い学んでいく双方向性などを表している（中野 2001）。

　「表現」の段階では、調査報告書を他者と共同で作成することや、展示やアートの共同制作などを行う。また、それを他者に開いていくことが社会参加につながる。

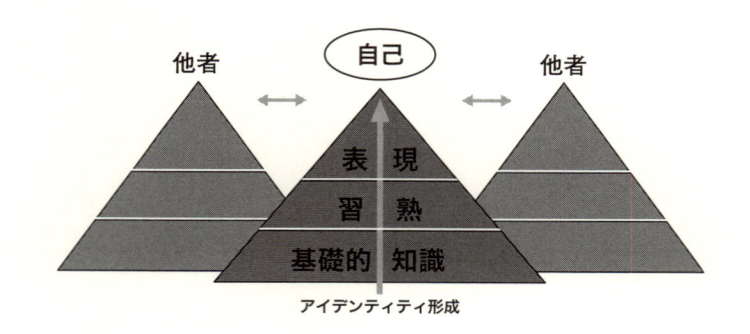

図3　＜学び＞とアイデンティティの形成の模式図
（佐貫 2005 を一部改変）

このように、＜学ぶ＞自己は他者との共存をもって成り立つ。そのことはアイデンティティの考え方とも重なる。それは「私自身が意識する"かけがえのない私"の感覚であると同時に、他者から承認される"ほかでもない私"の感覚でもある」というアイデンティティ観を踏まえると、図3のように、＜学び＞の主体者は他者と往復関係をもち共存し合いながら、各段階において自己としてアイデンティティ形成をする。＜学び＞はアイデンティティ形成の一つの手段やプロセスだといえる。

2. パターンⅠ：学習目標を達成する

図3を基本的な考え方とした上で、ここでは博物館が市民のキャリア支援をはかるための三つの＜学び＞のパターンを仮説的に提起してみたい（図4・6・8）。

まず、いずれのパターンにもコレクション、情報、施設などの博物館資源が基盤となる。コレクションは博物館が保有するストックとしての資料である。コレクションをもたない博物館はありえない。博物館は他の文化・教育施設と比べるとコレクションをもつことを特徴としている。情報は、資料のデータ

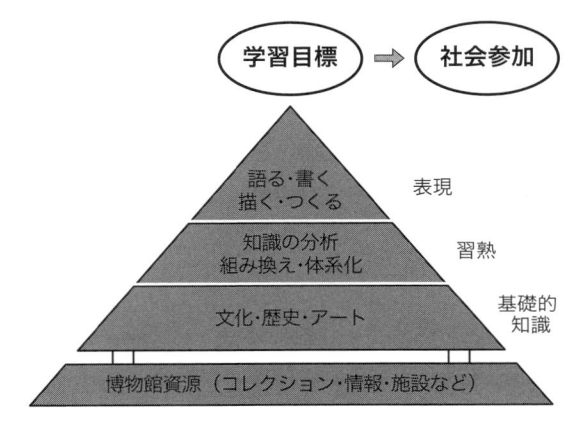

図4 市民のキャリア支援（パターンⅠ）の模式図

ベース、図書、記録、写真資料などの学術資料や、展覧会、講座、市民サークルの活動についての情報、人びとから寄せられた市内の情報など様々である。施設は、館内の展示室や部屋などのハード面で来館者が利用するパブリックスペースなどである。

図4はパターンⅠの模式図である。個人は「学習目標」を達成するために、まずは文化・歴史・アートなどの知識を習得する。このために展示品を見る、図書や写真資料などを閲覧する、学芸員の解説を聴くことなどの方法が考えられる。しかし、これまで多くの博物館はこの第一の階層の「基礎的知識の提供」に止まっていたのではないだろうか。

また、博物館と学校の連携（博学連携）でも、一般的には基礎的学習に参加・体験を追加することが多い。しかし、たとえば勾玉や縄文土器などを作ることが、どれだけの学習効果をあげるのかについては十分に吟味されていない。つまり、学習目標にむけることなく、「基礎的知識」の段階で参加・体験を併用することが多い。教室内の授業に比べて、博物館を利用すれば遥かに多様な学習をすることができる。経験者の指導による参加・体験の学習効果も大きい。しかし、現状の博物館での学習は「習熟」や「表現」の各段階を意識したものとはなっていないように思う。

これに対して、英国では次のような事例がある。私は、在英中の2008年5月に、ロンドンのナショナル・ギャラリーのワークショップに参加したことがある。それは12歳以下の子どもたちを対象にしたプログラムであった（図5）。最初に子どもたちは、フランス人のアーティスト、アンリ・ルソーの作品「サプライズ」（Surprise!）を展示室で鑑賞する。アーティストが教育普及役となり作品の解説をする。作品は1891年に制作されたルソーの代表作であり、嵐の密林に潜む一匹の虎が、今にも獲物に跳びかかろうとしている場面が描かれている。ルソーの作品には密林を題材にした作品がほかにもあるが、彼は一度も熱帯地方に行った経験はない。パリの動物園や植物園を訪れて密林の情景をイメージしたらしい。また密林の草むらの緑色は一葉ごとに色分けされて描かれている。実は何気なく見ていた草むらの場面が、多彩な緑色で色分けして描

かれていることを解説と観察により発見する。

それからワークショップ・ルームでの作業が始まった。草の形をした画用紙、絵具や絵筆が用意される。子どもたちは自由にオリジナルな緑色をつくりだして着色する。絵具を混ぜあわせて青色系の緑、黄色系の緑、赤色系の緑など多彩な緑色を一葉ごとに塗り分けていく。最後に、着色した画用紙を小さな植木鉢の周りに貼り付けて完成する。最後にアーティストが芝の種を参加者全員に配布し、自宅に持ち帰ってから種を蒔き、自分だけの草むらを創造しようというわけである。

図 5-1 アーティストが手本を見せる

図 5-2 色分けして描かれた草形の作品（図 5-1、2 共に英国・ナショナル・ギャラリー）

このように、ワークショップの流れとしては、まず作品鑑賞することで「基礎的知識」を得て、次に色付けという「表現」作業に移る。その過程で作品をイメージし、実際の色合いを別の色合いに置き換える、実物の繊細な色づかいを抽出するなどの知識の組み換えをはかるというものであった。つまり、知識を自由に使いこなせる力へと組みかえることができる。このことは「習熟」である。ここで「基礎的知識」「習熟」「表現」が一つのライン上につながったのだ。

また、ロンドン東部のハックニー区の「建物探検」（The building exploratory）という NPO による社会教育活動は、小学校の空き教室を使い、地域の子どもたちを対象にしたプログラムである。この地域は移民が多く人口の約 6 割はアジア、アフリカ、中東などからの移民である。たとえば市内の古い建物をテーマにしたワークショップでは、自分たちの住む地域を調べ、それを仲間で話し

合う。子どもたちは調査したことを表現するために、建物と町並みの紙模型を制作する。そのほかにも、現在の建物の写真や建物ごとの居住する人数や民族などについても解説をつけて、成果物としてそれを展示室で公開する。

　これもあらかじめスタッフから予備知識を得るが、その後の調査やそれを成果物にまとめていく過程は「習熟」や「表現」の段階になるし、さらに展示公開することは社会参加にもなっている。＜学び＞は、学んだことを自己の内面に留め置くばかりでなく、社会との交流関係をもつことで、さらに深化するのである。

3．パターンⅡ：個人のキャリアを設計・再設計する

　図6はパターンⅡの模式図である。このパターンの目標や課題は、個人のキャリアを設計・再設計することである（第3章2(1)を参照）。

　まず「基礎的知識」には、自己のキャリア（生き方）の棚卸しをすることが該当する。それは自己理解をはかることになる。またキャリアを（再）設計するための「育自意識」や自己啓発という意味合いも含んでいる。そのことは自己だけではなく他者との共存関係の上に成り立つことから、自己の棚卸しは他者に周知することを想定して行う。

　棚卸しの対象には、モノ・コトバ・コト（出来事）などがある。たとえば、モノが個人のキャリアを象徴することがある。大学の学生たちに、モノから自分のキャリアを振り返ることができるかと質問した。ある学生は中学生の部活動で使用していたテニスラケットだという。ラケットを見ると、当時のスランプに悩み悔しかった気持ちや先輩に叱られたこと、その後頑張ってレギュラーに復帰した喜びなどが鮮明に思い出されるという。その経験がなければ今日の自分はないと振り返る。モノ以外にも、コトバやコトもキャリアの資源になるといってよい。仕事のことや趣味、特技でもよい。自分史を振り返ることは、個人のキャリアの棚卸しになる。

　「習熟」段階においては、自分が基礎的知識の階層で整理したキャリアが、

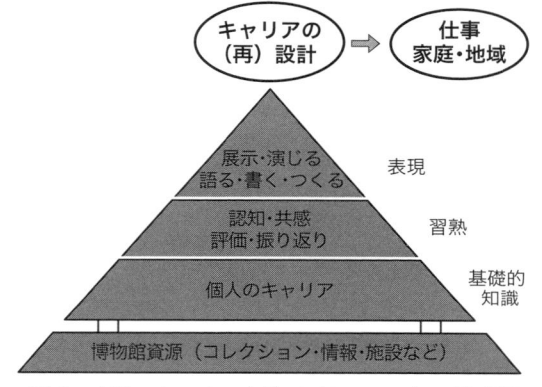

第4章　博物館と市民のキャリアデザイン　57

図6　市民のキャリア支援（パターンⅡ）の模式図

他者から共感や評価を受け、そのことから自己を再評価する。他者は、その人のキャリアを事実として認めた上で、自己との照らし合わせをして共感する。あるいはその逆もある。しかし、ここで肝心なことは他者のキャリアを否定しないことである。キャリアには事実があるのみで、人生が良かったか、そうでなかったかは死の間際まで本人しか知りえないからだ。他者はその領域には踏み込むことはできない。

「表現」は、自らのキャリアを何らかの形によって公開することである。たとえば自分史にゆかりのモノを公開する。そこに自分史のコメントをつける。または自分のこれまでのキャリアを他者に語る。踊り、演奏、撮る、描くなどのような表現も自己のキャリアを公開することである。

その結果として、次のことが期待される。まずは、地域における他者とのつながりができる。多様な人たちとの交流、情報交換、異分野交流、世代間交流などによって仲間ができる。顔見知りが増えれば、個人の生き方は活性化する。仕事や社会生活において、今まで以上に使命や責任を感じるようにもなる。キャリアの（再）設計では、何を大事にして生きたいのか、働きたいのかを考えることになるが、キャリアの棚卸しや他者からの評価などを経て、自分が職場、家庭、地域で担っている役割や責任を改めて確認できる。また、地域に新しく知り合いができ、キャリアに対する自覚も増すようになると、社会活

図 7-1 個人のキャリアを展示する

図 7-2 キャリアを紹介する展示物
（図 7-1、2 共に英国・クロイドン博物館）

動に参加するようになる。それは後述するパターンⅢにもつながる。

　例えば、ロンドンのクロイドン博物館では、市民のキャリアを常設展示している（図7）。ここでの事例はパターンⅡの参考になる。同館は、1995年3月に開館したロンドン南部のクロイドン区の公立博物館である。クロイドン区の人口は約33万人でロンドンを構成する区部のなかでは最も多い。1980年代から東ヨーロッパ、アフリカなどからの難民の増加により、人口の約20％をマイノリティ（少数民族）が占めている。展示テーマを「人々の生涯」（Life time）として、地域に住む人たちの多様性を明らかにするために、地域住民の個人史を常設展示している。

この博物館では、人種、職業、性、年齢などのキャリアの視点から多様な人たちを扱っている。例えばインド・アフリカ・中国・東欧などから移住した人、会社員、地元議員、ビル工事現場のマネージャー、店員、博物館職員、ダンス教師、警察官、バスの運転手、食料品店経営者、靴職人、同性愛者や、社会階層についてはワーキング・クラスからミドル・クラスを展示している。この展示の基礎資料として、同館では370点の個人史を物語るコレクションや800件のヒアリング資料を所蔵している。

4. パターンⅢ：「まちづくり市民」を目指す

　図8はパターンⅢの模式図である。このパターンでは「まちづくり市民」に

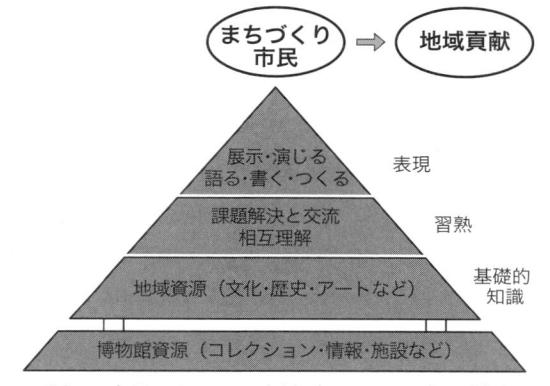

```
      ┌─まちづくり─┐ ⇒ ┌─地域貢献─┐
      │  市民    │     └─────┘
      └──────┘
         △
      展示・演じる
     語る・書く・つくる      表現
    ─────────
      課題解決と交流
        相互理解          習熟
   ───────────
    地域資源（文化・歴史・アートなど）   基礎的
                           知識
 ─────────────
  博物館資源（コレクション・情報・施設など）
```

図 8　市民のキャリア支援（パターンⅢ）の模式図

なることを目指している（第 3 章 2（2）を参照）。

　そのためには、まず仲間たちとの間で地域の文化や歴史などの文化資源を「基礎的知識」として共有する。こうした知識は相互理解の前提条件であるが、同時に市民同士のコミュニケーションにとっても有効な手段になる。

　「習熟」段階では、地域の課題の解決をはかるために、他者との交流や相互理解をする。ここでいう課題とは、先述した「まちづくり市民」の要素の一つである「地域や他者に貢献する目標をもつ（mission）」という意味合いをもつ。さらに「目標を実現するために学ぶ（learning）」ことや、「他者との連携やネットワーク（connection）」もこの「習熟」の段階で実行される。

　「表現」段階においては、「基礎的知識」や「習熟」の段階を踏まえて、その成果を公開する。これには市民の企画による展覧会の開催や調査報告書づくりなどが考えられる。たとえば、平塚市博物館（神奈川県）は、"相模川流域の自然と文化"をテーマとして、市民が調査に参加する「市民参加型」の地域博物館をめざした生涯学習の拠点になっている。これまでに博物館に所属する市民サークルは、"平塚の空襲と戦災を記録する会"、"石仏を調べる会"、"相模川を歩く会"など 24 団体におよぶ。たとえば、平塚の空襲と戦災を記録する会は、平塚の戦時下や空襲に関する資料収集や、戦争や空襲の体験を聞き取り調査し、市内戦災地図の作成や、空襲の犠牲者について調べて、その調査の記

録を刊行物にまとめている。石仏を調べる会は、市内の石仏調査の成果をやはり刊行物にした。相模川を歩く会は、流域を歩いて調査することを目的に始まった。その後、蓄積した記録資料をもとに特別展としてその成果を公開した。また集大成として『相模川事典』を出している。このように市民サークルの活動は、成果として創造、討論するなど社会参加につながっている。毎年開催される「博物館まつり」では、「市民サークル活動展示発表会」として、2010年2月には11団体が参加して活動成果を展示で紹介、各サークルによる実演会や体験型行事、発表会を行っている。

　近年はこのような「市民参加型」の活動のほかに、博物館と市民の間にはもっと多様な関わり方が始まっている。2010年に選考された花王・コミュニティミュージアム・プログラムによれば、たとえば、小樽市総合博物館ではNPO法人北海道鉄道文化保存会の市民が鉄道車両の保守・補修をしている。博物館の限られた人員や予算では手がまわらない資料保全を市民が主体的に支援している。萩博物館（山口県）には、幕末長州科学技術史研究会という市民サークルがある。会の目的は、幕末長州の科学技術史を再評価することにある。同サークルは博物館の学芸員たちの協力を得ながら、当時の大砲「長州砲」の復元に取り組んでいる（花王株式会社　2010）。

　これらの活動から見えてくることは、博物館が育成した市民サークルとの協力関係のほかにも、独立した市民サークルが博物館と連携するようになってきている。博物館が自らを開放すれば、博物館にこれまで関わりのなかった人たちが博物館と連携して、それぞれのキャリアや技能を生かして地域社会への貢献活動をすることができるようになる。いずれのタイプも、「まちづくり市民」につながっている。

5. キャリアの発達段階との関係性

　　以上のような三つのパターンはキャリアの発達段階とも関係性がある。
　図9は、年齢層に応じてそれぞれのパターンが適用されることを示してい

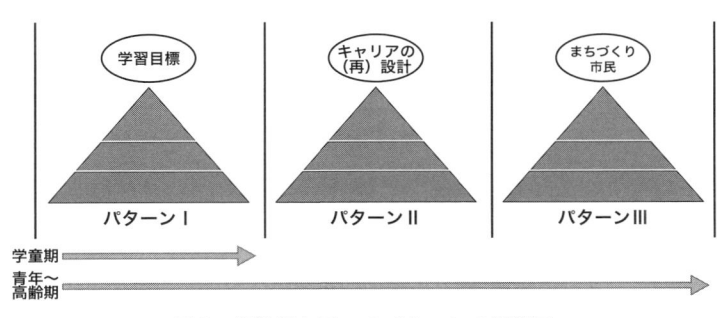

図9　年齢期と三つのパターンの相関図

る。学童期は、パターンⅠにほぼ限定される。それに比べて、青年期から高齢期は全てのパターンが対応する。それらのパターンはあくまでも模式図であって、実際のところは個別的に独立しているといえない。三つのパターンが同時に並行して進むこともあるだろうし、二つのパターンが混在することもあるだろう。

　例えば、新しく引越してきた人などは、その地元の歴史や文化についての知識をもっていない。そこで博物館において地元のことを学ぶ講座に参加する。その一方、個人の生き方を見直す講座や、博物館が企画する、「まちづくり市民」を育成する会合にも参加して、そこで知り合いができ、地域の課題や目標をもつ人たちと共に、地域のことを自主的に調べる活動を開始する。最初は基礎的な知識の習得から始まり、その次に習熟を経て、成果を博物館の来館者に解説することや、展示公開するなどの表現活動を通じて、人間としての生き方の幅を広げるようになる。

　三つのパターンは共存している。人によって自由に組み合わせることができる。一つのパターンだけでもよいし、二つでもよい。要は、自分の意思によって自発的に学ぶことができる仕組みになっている。

6. 博物館が市民のキャリアデザインの拠点になる

　今度は、地域に目を転じてみよう。地域社会は様々なコミュニティから成り

立っている。ここでいうコミュニティとは、「ある一つの目的のもとに結成されて連帯性や帰属意識を有する人たちによる集団」と理解する。

現状は、それぞれのコミュニティ（家族・学校・商工業者・農業者・市民団体・福祉関係者・行政など）が分断的に孤立化しているように思われる。このことは野田市に限らず、全国各地で見られる現象である。これは、近年の地域社会の衰退化の大きな原因であり、放置すると地域社会の問題はますます深刻さを増すことになる。

そこで、博物館は市民のキャリアデザインの拠点として、さまざまなコミュニティに所属する人たち同士を＜文化＞によってつなげるハブの役割を担い、市民相互のコミュニケーションを促進する（図10）。この場合の＜文化＞とは、地域の歴史や文化にとどまらず、人の生涯に関わるものすべてである。

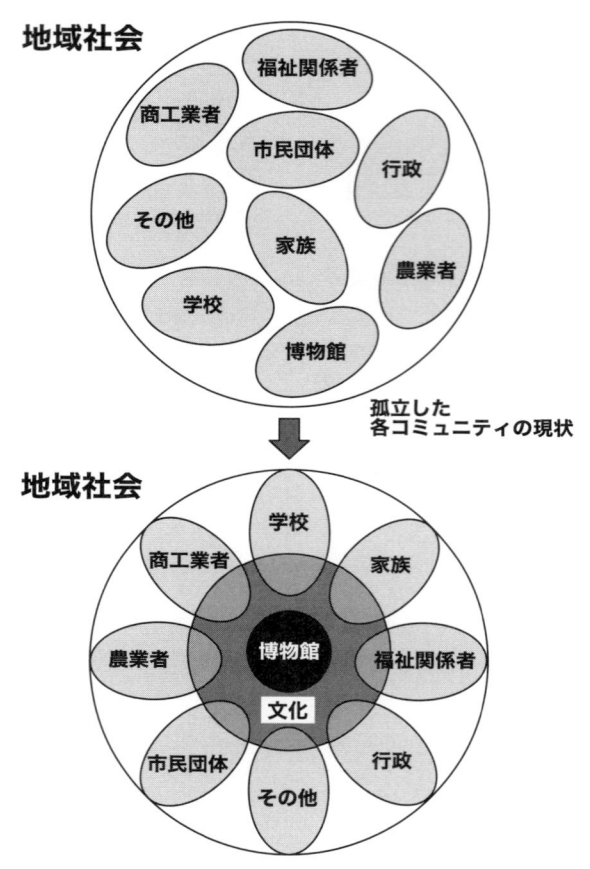

図10　市民のキャリアデザインの拠点の概念図（金山 2007）

人の生涯について、米国のスーパー（Donald E. Super）というキャリアの研究者は、人の生涯はそれぞれの成長段階ごとに発達し変化するという。その

表6 これまでの博物館の＜文化＞と新たに加わるキャリアデザインによる＜文化＞の比較

文化の種類 項　目	これまでの博物館が扱ってきた＜文化＞	キャリアデザインによって新たに加わる＜文化＞
対象者	来館者	コミュニティやその一員の人たち
目　的	コレクションの保管・調査・教育・鑑賞	コミュニケーション
題　材	歴史・民俗・芸術などの学問分野	人の生涯（生き方・人生経験）
形　態	提供する	共有する

上で、誰でも成長段階に応じて人生の役割をもっている。その役割とは、子ども、学生、余暇人、市民、労働者、配偶者、家庭人、親、年金生活者である。それぞれの役割は相互に影響しあって人生を送ることになるが、時間の経過にともない役割が複合し、比重の置かれ方が変化するという（宮城 2002）。ここでは、こうした人の成長や、そのプロセスでの人生の役割を踏まえた上で、仕事の技、芸道、遊び（趣味）、地域活動など、それらを含めた総体を＜文化＞と呼ぶことにする。

　表6では、これまでの博物館で扱ってきた＜文化＞と、キャリアデザインの視点によって新たに加わる＜文化＞を比較する。これは、これまで博物館が扱ってきた＜文化＞を否定するものではない。これまでの＜文化＞を博物館の要素の一つとして認めながらも、新たな＜文化＞にも着目していくという考え方である。

　これまでの博物館では、地域の歴史・民俗・芸術などの学問分野ごとの知見を、来館者に与える（提供する）役目を持っていた。すなわち博物館から対象者に情報を提供する一方向的な流れになっている。それに比べて、キャリアデザインの＜文化＞は、人の生涯を題材にしているので、多彩なコミュニティやその一員の人たちと関わることができる。どのようなコミュニティに所属する人も、それぞれの生き方や人生経験について、コミュニティの垣根を超えて＜文化＞を共有することが可能となる。なお、この＜文化＞は、一方的に人に教

えたり与えたりする性質のものではなく、お互いに共有するものであり、コミュニケーションの促進剤になる。

　つまり、キャリアデザインの視点による＜文化＞とは、これまでよりも人びとの生活に身近な話題をあつかう。これによって、博物館はこれまでの「文化の殿堂」から、人と人をつなぐためのコミュニケーションの推進役に転換する。

　このように地域社会において博物館が中心（ハブ）となることで、これまで交流のなかった異なる世代やキャリアの人たち同士が出会い、お互いの仕事や生き方、考え方、価値観などを共有し、認め合うことができる。市民が相互に学びあうことによって、個人の生き方の幅が広がり、さらに個人の生き方の設計や再設計にも役立ち、地域での協働的な仕事や活動にも発展することが期待できる。学芸員は、そのための「つなぎ役」である。

　このことは千葉大学の広井良典氏による、「コミュニティの中心」という考え方とも重なるものである。広井氏は、「地域における拠点的な意味をもち、人々が気軽に集まりそこで様々なコミュニケーションや交流が生まれるような場所」が地域社会に求められているという（広井 2010）。「コミュニティの中心」には、学校、福祉・医療関連施設などの事例がある。但し、それら施設を利用する人たちの目的や年齢層は限られている。それに比べて博物館は、地域に開かれた公共施設にすることで、様々なコミュニティの人たちの拠点にすることができる。「コミュニティの中心」として、地域の人たちの生き方を活性化するために適した場にすることができる。

第5章　利用者の満足度が高い博物館を目指す

1. 満足度の向上とニーズを創造する

　前章では、市民のキャリアデザインについての考え方を示した。しかし、現実には、すべてがそのような展開をみせるわけではない。「市民がキャリアデザインをはかる」ことは、おそらく活動の中で結果としてついてくるものなので、そのことを自明のこととしては先に進めないと思う。

　ミッションを理解してもらうことは後でもよい。まずは、博物館が何か変わったということを1人でも多くの人たちに実感してもらうことだ。そのためには、博物館に対する「利用者の満足度」を高めることから始めるのが現実的である。

　かつて、川崎市市民ミュージアムで入館者の減少が問題になった。同館は1988年11月に開館した。開館2カ月で20万人、翌年には30万人が来館したが、その後は次第に入館者が減り続けて、2003年には8万人台に低迷した。市役所と教育委員会は改善のために「川崎市市民ミュージアム改善委員会」(川崎市市民ミュージアム改善委員会 2004)を立ち上げた。私はその委員会の一員として見直しに取り組んだ。「利用者の満足度」に関する要因は多岐に及ぶが、まずは身近なところに阻害要因のある事例を紹介する。

　私たちは、現地調査から始めた。パブリックスペースを見ただけでも、すぐに利用者の満足度が低いことにつながる、現場の問題点が明らかになった。施設は有名建築家の設計による大規模館である。しかし、エントランスには、大きく＜禁止事項＞のサインが出ているので、来館者に不快感を与える。エント

ランス・ホールには、使われなくなった臨時券売所のブースが壁際に置かれて、ホールの雰囲気を台無しにしている。さらに、ホールの中央には館内の案内板が機能不全の状態のまま置かれて、来館者が自由に通行する妨げにもなっていた。そのために、広いはずのエントランス・ホール全体が狭く感じる。1階トイレの脇にあるポスターの掲示板には、なぜかカーテンがかかっている。2階のエレベータ前に設置された館内を案内する点字表示板の真横にコインロッカーが置かれている。これは障害物となり、点字利用者の妨げになっている。展示室からガラス越しにみえる、屋外の岡本太郎作品「座ることを拒否する椅子」にはコケが生えていた。カフェは廃業してからは物置状態になっている。故障して放置されたままの情報機器もあった。

　つまり、職員は博物館を公共施設として清潔で気持ち良い空間にすることや、来館者を思いやる配慮に欠けていることが分かった。このように身近なところから見直しを図らなければ、「利用者の満足度」は高まらない。いくら立派な展覧会を開催しても、館内の雰囲気が良くなければ来館者は遠のいてしまう。

　それから、もう一つは「ニーズを創造する」こと、つまりこれまで博物館に無関心だった人たちが、それが無くては不自由さを感じるようにすることである。例えば、これまでの博物館は歴史の愛好家が行くものだと思われていたが、市民生活に身近な存在であれば、博物館は多くの地域住民にとってなくてはならない場になるはずである。

　同じようなことは、私たちの身の回りの生活用品にも、たくさんの事例がある。家庭用電話や公衆電話は、今日では携帯電話にとって代わられた。過去10年間の携帯電話の普及率は目覚ましく、契約件数は固定の電話を超えるに至った。つまり、今日では携帯電話は生活の必需品になっている。

　これまでの博物館関係者のなかには、博物館には「関心のある人に来てもらえばよい」と高飛車な態度をとる者もいたが、今こそ人びとの生き方や生活に必要な文化施設に脱皮することが求められているのではないだろうか。

　以上のような「利用者の満足度を高める」ことと、「ニーズを創造する」た

めには、次の二つのアプローチをはかることになる。それには、現状の限られた博物館資源を有効に活用することと、ミッションを達成するために直営時代の全ての事業を見直すことである。

2. 既存の資源を最大限に活用する

まずは、野田市郷土博物館と市民会館がもっている資源を最大限に引き出して活用をはかることである。そのためには、先述したように野田市は、異なる所管であった博物館と市民会館を博物館として一体化をはかることや、利用者のサービスをはかるために施設を改修することにした（第2章3（3）を参照）。

(1) 博物館と市民会館を融合する

図11は、野田市郷土博物館が市民会館と一体化することで相互作用を生み、新しい個性が生まれて、それが「市民のキャリアデザインの拠点」になることをイメージしたものである。これまで博物館と市民会館とは同じ敷地内にありながらも異なる所管のもとに、同床異夢の状態が続いていた。両者を合わせて教育委員会が所管することにして、運営形態を一本化した。両者のこれまでの個性を残しながらも重複する部分をつくることで、触媒効果を発揮して「利用者の満足度」は高まり利用者が増すことになった。

人びとにとっては、以前よりも使い勝手のよい施設に生まれ変わった。市民

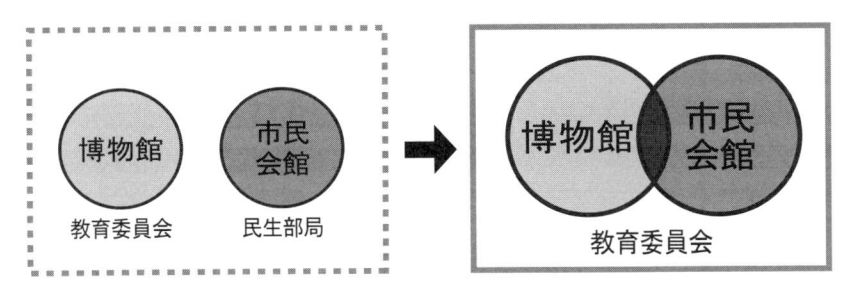

図11　指定管理者制度を導入する以前と以後の博物館と市民会館の関係

会館は、これまではシルバー人材センターから派遣されたパート勤務の管理人がいるだけだったが、学芸員が配置されてきめ細かい対応ができるようになった。博物館の来館者には、市民会館を登録文化財として見ていただくように誘導する。これまで博物館の利用者が市民会館に立ち寄ることはあまりなかった。また、市民会館の貸し部屋利用者も博物館の展示を見ることもあまりなかった。しかし、同じ職員を配置し相互の行き来をしやすくしたおかげで、「利用者の満足度」は飛躍的に高まるようになった。

(2) 市民会館を改修して文化財としての価値を高める

野田市市民会館は、1924年頃に建築された醤油醸造家の茂木佐平治氏の邸宅が、1956年に庭園とともに野田市に寄贈され、翌年市民会館として開館したものである（図12）。木造、寄棟造りの和風建築で、建築材は特注というこだわりも見られ、天窓、照明なども当時のままに残されている。建物は敷地内の茶室とともに1997年に国の登録有形文化財に、また庭園は2008年に県内初の国の登録記念物となった。このような建物であるため、人びとは利用を通じて文化財に親しむことができる。

市は、指定管理者による運営を始めるにあたり、市民会館の一部の部屋を改修して使い勝手を良くして「市民つどいの間」とした。そこでは、カウンターで仕切った学芸員の事務スペースを設けて、学芸員と利用者、あるいは利用者同士が打ち合わせや相談をすることができる。また、この部屋には、全国の博物館から寄贈された図録、歴史とまちづくり、野田に関連する書籍を配架しているので、閲覧する人も利用することができる。ここは、博物館に立ち寄る人たちが、挨拶をしたり、会話をする自由なスペースである。私は、ここを「キャリアデザイン・ルーム」とも呼んでいる（図13）。

また、市民会館では、トイレを和式からウオシュレット式の洋式にも改修した。各部屋は畳替え、襖の張替えをし、エアコンも新しいものにするなど、快適な環境になった。

さらに、茂木家の生活の様子がうかがえる邸宅の風呂場や洗面所は物置き状

態になっていたが、不用品をすべて撤去して見学が可能な状態に復元した。

　市民会館の和室は博物館の講座を行う場所として最適である。これまで博物館には専用の部屋がなかったために、近くの公民館や小学校の部屋を借りていた。博物館と市民会館が一体化したことで、そうした不便さを解消することができるようになった。講座などの際には、屋外の日本庭園を見ながら、四季折々の光景を楽しむことができるのも魅力である。

(3) 博物館内の展示機能を改善する

　野田市郷土博物館は、市民が中心となって行った精力的な資料収集や普及活動の熱意と、キッコーマン株式会社からの資金提供によって、建築家山田守の設計によりつくられた。茂木邸と庭園との調和を考慮したと思われる横長、左右対称の均整のとれた建物で、「校倉造風」のデザインが特徴である。また通風や除湿の機能も備えるなど一流建築家ならではの創意工夫に富んでいる。しかし、当時としては斬新なアイデアであっただろうこうした面も、時代の変化にともなう改修を行ってこな

図12　市民会館と庭園

図13-1　利用者に応対する学芸員

図13-2　市民が打ち合わせする様子
（図13-1・2いずれも「市民集いの間」にて）

かったため、ハード的な機能性は現代のニーズに応えるものではなくなっていた。冬季は大型の石油ストーブを展示室の中央に置いて暖房したが、床面積393㎡の吹き抜け構造の建物全体を暖めることはできなかった。夏季は、冷房設備がないので暑かった。また、展示ケースも固定式であることから、展示物は小型資料に限定されてきた。

そこで市は、利用者へのサービス向上をはかるために、市民会館の改修と同時に博物館にもエアコンを設置して年間を通じて快適に利用できるようにした。また、絵画や写真パネルなどを展示できるよう可動式の壁面パネルを設置して汎用性を高めた。こうして、これまでほとんど手つかずにしてきた館内の改修が行われたことで、清潔で快適、かつ機能的な空間へと改善された。このことは利用者にとってばかりでなく、博物館のスタッフにとっても仕事がしやすくなり、よかったといえる。

(4) 職員による利用者サービス

職員の利用者サービスに対する意識は、直営時代にはほとんどなかったといえる。来館者が少なくとも経営不振の責任を問われることはないからだ。しかし、NPO運営は、経営不振に陥った直営の博物館を立て直すことを前提にしているのだから、職員がサービス意識をもつことは不可欠の要件となる。来館者を顧客と見立てて、満足度を高めるような配慮をする。

そのために職員は利用者を気にかけ、きめ細かく対応している。まずは笑顔で挨拶をする、問い合わせに対しては即座に、真摯に対応するなど、シンプルなことばかりである。また、公共施設であることから、来館者への平等対応は大切だが、平等を振りかざしての機械的で心の通わない応対をせずに、利用者一人一人にあわせた配慮をすることも心がけている。学芸員は熱心な利用者を記憶することも大切である。

いずれも、難しくコストのかかることではない。ただしコミュニケーション力を要するし、時間も相応にかかる。研究室にこもって自分のやりたい研究だけに没頭する従来のスタイルではない、新しい学芸員像が求められる。

(5) 入館料は無料

　博物館の入館は無料である。これは直営時代と同じである。博物館はすべての住民を対象にしている。特定の利用者を対象とするなら、サービスに対して対価が発生するが、税金を納めている人たちは、公立博物館の基本的なサービスを当然受けられるはずである。市民会館も入館は無料である。もっとも無料でも、満足度が低ければ利用者は少なくなる。無料は十分条件だが必要条件だとはいえない。必要条件は、先述したように公共施設としての快適さや清潔さに加えて、職員によるきめ細かい対応や、そして事業の質がきちんと確保されていることであると思われる。

3. 事業を見直す

　次に、直営時代の事業を抜本的に見直して、市民がキャリアデザインをはかるために相応しい事業をし、満足度を高めることである。なお、ここでいう事業とは、コレクションの収集、整理・保管、調査活動などの博物館の基礎機能をさすのではなく、調査や研究の成果を公開することや、人びととの交流に関するイベントなどをさす。

　博物館の事業は、民間企業でいえば商品に相当する。消費者は、お金を出して商品を買う。気に入らなければ買う必要はない。公立博物館は市民からの税金によって事業を提供する。

　この場合、事業を商品だとすると、市民に事業が受け入れられることは、消費者が商品を買うことに相当する。そこに「市民の満足」や「市民ニーズの創造」が生じる。

　これまで博物館は、来館者に対して一方的に事業を提供してきたことが多かったのではないか。直営時代に行われていた特別展、企画展、講演会などはそうであった。学芸員の興味関心が利用者のニーズよりも先行しがちとなっていた。しかし、NPOが運営するようになると、利用者の視点から事業をつくることにした。

表7 NPO運営による野田市郷土博物館の主要な事業

一般の公立博物館で行われている事業	特別展 企画展 新収蔵品展 博物館見学会 学校との連携（職場体験・インターンシップ・博物館実習生の受入、出張授業） 体験教室（勾玉作りなど） 博物館ボランティア
野田市郷土博物館のユニークな事業	市民企画展 自主研究グループの育成 小中学校新規採用教職員の研修 オープンサタデークラブ 寺子屋講座 市内ガイド事業 キャリアデザイン連続講座 観月会（交流会）
他の文化施設で行われる事業	コンサート 親と子の茶道講座 呈茶席

　表7に示すように、NPO運営による事業はこうした視点を考慮してつくったものである。これを見ると、まず直営時代よりも事業は圧倒的に増えた。

　また、ここから読み取っていただきたいことは、野田市郷土博物館では、従来の博物館の事業に加えて、他館ではあまり行われることのないユニークな事業を行っていることである。さらに、劇場・ホールで行うことが一般的なコンサートや、公民館などで行われる茶道講座や呈茶席などもある。

　これにより、これまでは博物館、公民館、劇場・ホールのそれぞれの縦割り的な機能によって分散されていたものをユニークな事業を加えて統合することになった。統合から生じる効果とは、観光客のように一過性の来館者を別としても、利用者は一度何かの事業に参加すれば、それに関連して次の事業にも参加することが多くなる点である。これは単に展覧会を見学するような受身のリピーターをつくるようなものではない。市民として、様々な事業に主体的に関わるようになる。

　例えば、寺子屋講座の講師となった人は、自分のキャリアを参加者に語る。

それが機縁になって、市民同士の交流ができる。人材バンクに登録すると、学校などから講師の依頼がきて、自分の仕事の生き方や仕事の技を子どもたちに語ることにもなる。博物館の企画展（市民公募展など）に協力して、コレクションを出品することもある。年１度、仲秋の名月の日に行われる観月会（交流会）に参加すれば、いろんな人たちとの出会いも生まれる。

　人によって、どのような事業に関わるかは異なるが、それぞれのあり方があってよい。要は、博物館はこれまでのように、ただ展示を見るために訪れる場所ではないということだ。このように事業に参加することを通して、市民の満足度が高まるとともに、市民がニーズを創造することになるものと思われる。

第6章　博物館機能の強化をはかる

　本章と続く第7章では、NPO 運営となった野田市郷土博物館の実際の取り組みを述べる。まずは野田市郷土博物館の基礎機能の整備である。

1. 基礎機能を整備する

　博物館の基礎機能とは、博物館の存在基盤であるコレクションのマネジメントである。この5年間は、本格的なコレクションの収集、整理、保管管理と公開に向けた準備作業を行った。また、コレクションが人びとに関心を持たれることや、その情報を公開することも進めている。

（1）資料の受け入れ体制を再編成する

　野田市郷土博物館に収集された約2万点の資料の所有権は野田市教育委員会にある。NPO 法人野田文化広場は指定管理者として、資料の収集、整理、保管を行う。指定管理者制度の導入にともない、資料所有者と管理者が異なる形となることを機に、資料収集の手順を再整備した。

　資料の収集方法には、寄贈、寄託、購入などがあるが、寄贈を例にした手順をまとめれば次のようになる。

①寄贈資料の情報があれば学芸員が訪問、または持参してもらい調査を行う。寄贈希望者に資料の寄贈申込書を記入してもらう。資料が多数の場合は、館内で点数や内容を確認した後に申込書に記入してもらう。

②博物館でクリーニングをする。撮影、計測、調査を行って学芸員が資料1点

ごとにカード式の調書を作成する。古文書や昆虫標本などは1点ごとではなく、詳細な一覧表（目録）を作成し、一群につき1枚の調書を作成している。
③資料受贈について館内の決裁をとり、寄贈申込書と資料調書を教育委員会に提出する。
④教育委員会が受贈の決裁を行い、受贈書を発行する。
⑤博物館が礼状を作成し、受贈書と共に寄贈者に送付する。
⑥各資料に収蔵品番号を付けて収蔵庫に配架して、台帳に番号と収蔵場所を記録する。

　この手順において、特に②の調書作成に多くの時間と人手が必要になる。大規模コレクションの場合、調査に1年以上調査にかかることもある。しかしNPO運営になってからは、以前よりスムーズに受け入れが行われるようになった。その理由は、直営時代に比べて整理にあたる人員が増えたことにある。学芸員4名全員が、資料収集の作業を一通り行うことが出来るほか、非常勤の資料整理員2名や学芸員補助員1名を採用したことで、洗浄や撮影、計測などが他の学芸業務の手を止めることなしに行われている。

　NPO運営後は、資料の受け入れと登録手続きが明文化されたことも、受け入れを途中で放置しないことにつながっている。特に、教育委員会へ提出する資料調書の作成が"義務化"されたことで、新規の受け入れ資料には必ず同じ形式の調書が付随する形となる。資料寄贈においては、所蔵者から資料の来歴やその家の歴史などを聞くが、これらは受け入れ時にしか聞き取れない貴重な情報である。こうして受け入れ当初に資料の詳しい情報をまとめ、蓄積していくことが、後日の資料の活用にもつながっている。

(2) コレクションのデジタルデータ化を進める

　資料の情報については、デジタルデータ化を進めている。直営時代の資料情報はすべて手書きの台帳に書かれるのみで、デジタル化はされていなかった。データベースの改善をはかるために、これまでの約50年間の博物館活動で収集してきた資料情報のデジタルによるデータ入力を開始した。データ入力につ

いても、学芸員が指示をし、資料整理員や学芸員補助員が作業にあたっている。

これまでの経過としては、2008年度より資料台帳の電子化に向けて各種の事例をもとにデータ項目や機能などの検討を行い、データベースソフトFileMakerを用いて館内で簡易データベースを作成した。2009年度から本格的な入力作業を開始し、現在まで収蔵資料約8,400件の全ての資料番号や名称、保管場所など台帳上の基本情報の入力を完了した。

さらに分野別の資料に関しても、表計算ソフトExcelや先述のFileMakerを用いて、文字情報を中心にデジタルデータ化を進めている。古文書や古典籍、昆虫標本などについては、受け入れ時や再整理時に電子データで目録を作成した。これにより、昆虫標本目録（約4,000件）、歴史分野では板碑目録（約100件）、文書群概要目録（約70件）、文書群ごとの詳細目録（24件約2,400点分）がデジタルデータ化された。

資料情報をデジタル化したおかげで便利になった。これまでは、学芸員が、冊子の資料台帳のページをめくりながら冒頭から探す場合、1件の資料を探すのに平均で2時間かかっていた。資料情報がデジタルデータ化されたことで、名称などが分かっていれば、キーワードで検索して、目的の資料をすぐに探し出すことが出来る。これにより他の博物館や研究者、来館者からの問い合わせに対する回答が素早く、正確に行えるようになった。

(3) 資料の収蔵状況を改善する

資料の収蔵は、コレクション・マネジメント上の重点項目である。NPO運営となる前に、既に収蔵庫はほぼ満杯の状態となっていた。

野田市郷土博物館では、従来より本館収蔵庫（99㎡）と、本館から1kmほど離れた別棟の収蔵庫（216㎡。以下、上花輪収蔵庫）の二つの収蔵庫を保有してきた。そのような狭隘なスペースに、整理が十分とはいえない状態のまま資料が置かれていた。特に上花輪収蔵庫の方は、大型の民具や農機具などを収蔵していたために、1点ごとの資料にアクセスすることも容易ではなかった。

このような状況を改善するために、まず収蔵庫は資料の保管場所であるという原点に立ち返ることにした。そのために、本館の収蔵庫内に保管されていた図書を撤去することにした。全国各地から寄贈された図録類については、市民会館の一部屋を「市民つどいの間」というフリースペースにして公開したのは既に述べた通りである。これにより、これまで職員の利用に限っていた図書を、来館者も自由に閲覧できるようになった。

　さらに、市役所と協議して余剰施設となっていた旧専売公社の倉庫（以下、清水収蔵庫）と小学校の空き教室を新規収蔵資料の保管場所にあてることができるようになった。これによって、年間約1,000点～1,500のペースで増える資料を暫定的に保管することができるようになった。

　資料の整理作業をする上でも改めて次のように再設計を行った。まずは、収蔵庫の環境や設備の状況などを考慮して、資料の種類やサイズごとに収納する効率的な収蔵環境を実現させた。例えば、学芸員が頻繁に利用する本館の収蔵庫には、美術品や古文書、写真、衣類、昆虫標本、利用頻度の高い土器や民具を収蔵する。博物館から離れた場所にある上花輪収蔵庫には、重機を使わなければ搬入や搬出のできない大型資料や、利用頻度の低い土器、民具などを収めている。清水収蔵庫には、大型で比較的重量の軽い民具資料と、新収蔵品の中で点数の多いものを保管している。小学校の空き教室には、軽量で小型、活用機会が当面ないと考えられる民具や農具を収蔵している。

　収蔵資料の保管管理の仕方についても改善した。1点ものの古文書は中性紙の封筒にしまい、番号を付けて番号順に整理をする。家ごとの文書は専用の文書箱に収蔵する。また、土器はダンボールに緩衝材を入れた専用の土器箱に資料名と写真を付けることで、展示の際に資料を素早く見つけ、安全に活用できるようにした。民具はプラスチック製の収蔵箱を用いて、少しでも多くの民具を収蔵するように努めている。

(4) 資料を公開する

　NPO運営になってからは、利用者の希望に応じて必要な資料を公開する「資

料閲覧」にも積極的に対応している。資料の状態や内容、脆弱性などによっては対応が出来ない場合もあるが、コレクションの公開、活用の観点からも原則として全点公開ができる状態にすることを目標としている。

　資料閲覧に先立っては、閲覧希望者はまず資料情報にあたらなければならない。そのためには博物館にどのような資料があるのかを公開しておく必要がある。先述の、目録が作成されている資料のうち、昆虫標本コレクションについては、当館の紀要に目録を掲載した。また歴史資料のうち、板碑目録と文書群概要目録、文書群ごとの詳細目録の大部分は、紙に印刷したものを「市民つどいの間」で公開している。現在のところ、誰でも自由にアクセス可能な資料情報は、後述するホームページ上のデジタルミュージアムと、これらの紙媒体の目録であるが、先述したようにデータベースのデジタル上での公開・利用体制を整える準備も進めている（本章（5）を参照）。

　これらの資料情報の整備によって、利用者は目録などで検索して、学芸員のサポートを受けながら閲覧したい資料を選び申請をすることができる。事前の申請があれば、閲覧日時までに学芸員が資料を準備しておき、希望のものをスムーズに閲覧することができる。

　この資料閲覧の仕組みは2008年度に整備し、翌年に開始した。閲覧件数は、2009年度11件、2010年度49件、2011年度27件（1月末現在）となっている。閲覧を申請する人たちは研究者や博物館関係の専門家だけでなく、大学生の卒業研究、児童の自由研究、先祖の足跡を探すなど、実に多様である。昆虫標本の「市民コレクション展」以降、博物館によく来るようになった昆虫好きの少年や、自主研究グループ育成講座で古文書に興味を持った受講生なども、利用者となっている。

　また、市民サークル「まちなみ研究会」のメンバーが、2009年度に実施した市民の文化活動報告展「まちなみ提案　文化の駅・野田」に際し、古写真データベースを利用して展示に役立てた。このように、博物館の事業をきっかけに閲覧を利用しながら自ら学ぶ人たちも増えつつある。

(5) デジタルミュージアムで収蔵資料を公開する

　NPO運営になってから、展示構成と展覧会の回数が大きく変わった。展示室の1階は、年間を通して企画展か特別展のいずれかを開催する方針となった。そのために、直営時代に1階に展示をしていた常設の展示資料を撤去した。しかし、これまで展示をしていた資料については、公開されなくなってしまえば、利用者サービスを低下させることになる。

　これについて、二つの方法で対応することにした。その一つがインターネットによる資料情報の公開である。もう一つは企画展「野田に生きた人々　その生活と文化」での展示公開であるが、この詳細は本章2（2）で述べることにする。

　インターネットによる資料情報の公開は、NPO運営になってから新設した博物館のホームページ上に、「デジタルミュージアム」というコンテンツをつくった。デジタルミュージアムでは、資料の画像、資料名、よみがな、法量、解説が表記されている。また、情報は「考古遺物（旧石器・縄文）」「考古遺物（弥生・古墳）」「樽作りの道具」「山中直治関係」「交通関係」「昔のくらしの道具」「押絵行灯」「醤油関係」という区分で整理し、まずそれまで常設展示していた104点の資料について情報を掲載した。

　デジタルミュージアムの開設によって、一般に対するコレクションの公開ばかりでなく、出版社が刊行物等に掲載する資料についての問い合わせ等も増加するといった効果もあった。

　デジタルミュージアムでは、その後、保存上の関係から常時展示することが困難であった勝文斎作押絵行灯など約40点、醤油醸造関係資料など約50点を順次公開して、拡張と充実化を図っている。

(6) 年報・紀要を発行する

　年報・紀要は直営時代には予算がなく発行していなかったが、NPO運営になってから出すようになった。これは、年度ごとの事業内容や諸統計を記した年報と、学芸員や市民の研究成果である紀要を一冊にまとめ、『野田市郷土博

物館・市民会館　年報紀要』として刊行している。

　これまで、博物館では特別展にあわせて制作する図録等を別にすれば、積極的な情報公開をしてこなかったが、広く博物館の運営や活動の状況を説明するとともに、博物館の情報を外部に発信する役割をもつことができるようになった。

　体裁はA4判、ページ数は年度によって異なるが140～170ページ程度で、博物館の規模からすると多量の情報を公開している。例えば、展示事業については展示資料目録を載せ、写真も掲載することで、活動の様子がわかる。また、事業一つ一つにつき学芸員がコメントを加えている。

　年報・紀要は、市内施設、関係者、全国の博物館に配布するほか、情報発信を図るために、2007年度の分から当館ホームページ内にPDFファイルで公開をはじめている。

(7) 学芸員が調査・研究成果を公表する

　学芸員は、資料の調査・研究を行うことを業務の一つにしている。紀要にその成果を公開する役割をもつ。

　そこで、学芸員は紀要に必ず1本以上その年度に行った調査や研究の成果を執筆することにしている。ここで発表する内容は、収蔵コレクションに関することや特別展調査に関わることのほか、コレクションにまつわる人たちや寺子屋講師などのように市民のキャリア支援についても扱うようにしている。

　紀要は、「市民コレクション展」などで協力をしていただいた人たちの研究成果の寄稿も受け付けており、市民の発表・表現の場となっている。

　学芸員が紀要に執筆することは、

図14　学芸員による高校での講演会

博物館の活動を一般に周知することにも役立っている。その波及効果は、例えば市内の市民講座や講演会に講師を派遣して欲しいという依頼となって表れている。これまでに、高校、老人会、商工会議所などで、地域の歴史や人物に関する講演を学芸員が持ちまわりで行ってきた(図14)。こうした講演によって、博物館の活動を知ってもらうとともに、博物館で働いている人の姿を地元の人たちに対してオープンにする。学芸員と市民がコミュニケーションすることで、人びとからの支援や協力が受けやすくなり、連携や今後の活動にも有利に働くことになる。

2. 展示活動の充実をはかる

展示活動は、コレクション・マネジメントとともに、博物館の基本的な機能である。野田市郷土博物館の場合、直営時代と比較すると、常設展示をリニューアルした。また、これまでの特別展1回に企画展3回を加えて、常時、企画展や特別展を行うことにした。こうして、博物館にいきいきとした雰囲気や活気が生まれている。

(1) 常設展のリニューアル

常設展示のリニューアルは2010年度に行った。それまでの展示は、醤油醸造をテーマにしてきたが、地域の通史を知りたいという来館者の要望にも十分こたえられない状態であった。そこで、NPO運営になったことを契機にして、地域の人々の生活が時代ごとに一目でわかるような展示を目指して、リニューアルの準備を進めた。担当学芸員を中心とした準備期間はおよそ1年半であった。リニューアルにあたっては、従来の資料と研究蓄積に基づくことや、解説を容易にするために展示にストーリー性をもたせることの2点を重視した。2010年12月にオープンし、来館者からは分かりやすくなった、見やすくなった、などおおむね良好な反応が得られている。また学芸員ばかりでなく、ガイドの会や博物館ボランティアにとっても、展示にストーリー性とメッセージが

生まれたことで、解説がしやすくなったという効果もあった。

　一連の展示の基本は通史展示だが、全時代の紹介をするには展示スペースや資料などに制約があったので、対象とする時代を醤油醸造業が本格的になる近世中期（18世紀）から1950年代までに焦点をあてた。時間軸を基本に、野田の特長やコレクションの目玉を勘案し、複数のテーマを定めて展示している。特に前半は全国有数のコレクションを有する醤油醸造関係のコレクションを公開した。後半は親しみやすく、学校などの見学に利用できるように昭和期の暮らしに関するコレクションを展示している。

(2) 企画展「野田に生きた人々　その生活と文化」

　NPO運営になってから、それ以前にあった展示室1階の常設展示資料は一旦すべて収蔵庫に戻した。この打開策として、企画展「野田に生きた人々　その生活と文化」（以下、生活文化展と略す）を用意した（図15）。

　この企画展では、以前に常設展示されていた旧石器時代から中世までの出土資料、近代の古文書、写真、民具資料、生活資料等を展示して、時代毎の人々の生活と文化を概観する。人びとに地元でどのような遺跡や遺物、資料が発見されているか、または調査が行われているかを知ってもらい、地域の歴史を身近に感じてもらうことを目的にする。この企画展では館蔵コレクションが展示の中心となっている。

　生活文化展は2008年度に行い、その後パート2、3…とシリーズ化して毎年行ってきた。会期中には、地元の人たちから寄贈、寄託等を受けた資料や購入した資料を、新収蔵品として展示公開するコーナーを併設している。

　生活文化展のもう一つの目的は、小学校の社会科や生活科の授業における見学会の対応がある（図16）。学校側のカリキュラムの関係で、例えば小学6年生の社会科（歴史）の場合は例年4月に見学の希望がある。また、小学4年生、2年生の生活科の授業での来館も4月〜6月の時期に多い。このことに対応するため、生活文化展は原則として毎年春〜夏に実施している。解説パネルやキャプションの説明文に平易な表現を使うことや、ルビをふる、さらには展示

図15　生活文化展の展示

図16　生活文化展・小学生の見学

品の高さを若干低めに設定するなど、子どもが見やすくなるように配慮している。

小学校の見学では、学芸員が土器や石器をケースから出して実際に触れさせることも行う。また、生活文化展の初回にあたる2008年度は、野田貝塚より出土した縄文時代晩期のミミズク形土偶にスポットをあて、来館者からニックネームを募集するという企画を行い、マスコミ各社にも取り上げられるなどの注目を集めた。この企画は、当初、一斉来館する小学生をターゲットと考えたものであったが、意外にも来館した大人も積極的に応募してくれた。土偶には「ミミー」という愛称がつけられた。その後、ミミーをモチーフにしたストラップを製作、販売して好評を得ている。

(3) 市民参加型企画展

年間の展示スケジュールで約半年（5～6ヵ月間）を占めるのが、市民参加型の企画展である。事業計画づくりの段階で、「市民コレクション展」「市民公

募展」「市民の文化活動報告展」の3種類の"市民参加"の企画展を設定した。

　市民コレクション展は、個人が生涯にわたり集めたコレクションを公開する。資料の提供者と学芸員が協働して市民のコレクションを地域の文化遺産とする視点から展示を行うのである。コレクターはコレクションの展示の中で個人史を語り、本人のキャリアを振り返る機会にもなる。

　市民公募展は、学芸員がテーマを決め、それをもとに公募する。地元に埋もれている新たな文化資源の発見とともに、人びとが持っている資料を相互に理解することにより、新たな交流が生まれることを促進する。

　市民の文化活動報告展は、学芸員が市民グループとテーマを協議し、博物館と協働で展示をつくる。市内で文化活動を行っている市民グループに研究発表の場を提供し、新たな地元文化の創出に寄与することを目的としている。

　学芸員は、事前にこの企画展の趣旨や意図を市民に十分説明する。また、当館のミッションであるキャリアデザインやまちづくりの考え方についても何度も話し合いを行う。市民はそのことを理解した上で、学芸員がサポート役となり、市民による企画展の準備を進めることになる。市民が展示の企画や出品する資料を考え、展示作業そのものにも関わる。こうして博物館は、単なる貸しギャラリーではなくなり、他館では類を見ないユニークな展示が完成する。

　表8は、市民参加型企画展の一覧である。この5年の間に、市民コレクション展を4回、市民公募展を4回、市民の文化活動報告展を1回実施した。

　NPO運営になってから、最初に実施したのが市民コレクション展「土人形の魅力〜髙梨東道さんのコレクション〜」である（図17）。髙梨さんは、郷土人形のコレクターで収集歴33年になる。コレクション総数は約5000点にもおよぶ。20代の頃より、デパートで販売員として勤務する傍ら、郷土人形を地道に買い集めてきた。髙梨さんのコレクションは自宅の専用の部屋に大切に陳列、保管されている。これまで、それらを鑑賞するのは本人と、ごく限られた知人のみであった。

　展示資料は、江戸末期から昭和までの土人形（古人形）を中心に、張子人形、郷土玩具に関する貴重書などを加えた。その他、本人の個人史の年表や、自宅

表8 企画展・特別展の開催状況

年度	種別	区分	タイトル	会期
2007年度	企画展	市民コレクション展	土人形の魅力～高梨東道さんのコレクション～	7月1日～9月29日
	特別展		野田と樽職人～"町樽屋"菅谷又三と"売樽屋"玉ノ井芳雄～	10月7日～1月14日
	企画展	市民公募展	市民会館の今と昔～市民が語る旧茂木佐平治邸～	1月26日～3月25日
2008年度	企画展		野田に生きた人々 その生活と文化	4月5日～7月7日
	企画展	市民コレクション展	昆虫採集70年～志賀一朗さんがみつめた野田市の自然～	7月20日～10月6日
	特別展		野田の夏祭りと津久舞	10月18日～12月8日
	企画展	市民コレクション展	刀剣に魅せられて	2月1日～2月15日
			新収蔵品展	2月25日～3月20日
2009年度	企画展		野田に生きた人々 その生活と文化 パート2	5月3日～7月20日
	特別展		建築家山田守と野田市郷土博物館	8月1日～10月12日
	企画展	市民の文化活動報告展	まちなみ提案 文化の駅・野田～まちへの想いを形に～	10月24日～1月11日
	企画展	市民公募展	思い出のモノ語り	1月23日～3月22日
2010年度	企画展		関根金次郎と渡辺東一～将棋界を支えた二棋士の生涯～	4月3日～7月5日
	企画展		野田に生きた人々 その生活と文化 パート3	7月17日～9月27日
	特別展		利根運河三十六景～運河をめぐる、ひと・もの・こと～	10月9日～12月6日
	企画展	市民公募展	わが家のおひなさま	1月5日～3月11日
2011年度	企画展		野田に生きた人々 その生活と文化 パート4	4月9日～6月27日
	企画展	市民コレクション展	小さなポケットにつめた大きな夢～野中健一さんの宝モノ～	7月9日～9月26日
	特別展		野田の煎餅～醤油の町の名物～	10月8日～12月5日
	企画展	市民公募展	集まれ！ワクワク みんなのおもちゃ～遊びのいまむかし～	12月17日～3月26日

の人形陳列部屋の写真などによって、土人形の収集鑑賞家としてのキャリアに焦点をあてた。また、自己研鑽の証である書物、人形収集仲間との交流を示す絵手紙などを展示し、その形成が同好者たちとのコミュニケーションによって成り立っていることを解説した。

　アンケート調査によれば、来館者の中には、少なからずコレクターのキャリアへの言及や、自分のキャリアへの振り返りを行った人がいたことが分かった。また、高梨さんと来館者が展示鑑賞中に自由な交流を図ることによって、お互いに得るものがあったことも示された（田尻2009）。

　市民公募展の中では、「わが家のおひなさま」展（2010年度）が人気であった。

市内在住・在勤の個人や団体から出品されたひな人形やひな祭りに関する品々を種類ごとに分け、ひな祭りの思い出やエピソードを当時の写真とともにひな祭りの時期にあわせて展示した。また、館蔵の有職雛を大型ケースに展示したのも好評であった。他の展覧会に比べ女性や家族連れがとても多く、幅広い年齢層の人たちが訪れた（図18）。

図17　市民コレクション展「土人形展」出品者の髙梨さんと来館者

来館者からは、「様々なおひなさまが見られてよかった」というひな人形に対する感想があった。あるいは、「様々な家族の思いが伝わった」、「ここまで人形や思い出を大切にされてきたことに感動した」、など出品者への感想も多く見られた。

図18　市民公募展「おひなさま展」

また、「自分のおひなさまを思い出した」、「今度は自分も出展してみたい」など、出品者のキャリアと自身のキャリアを対比させる感想も寄せられた。

市民の文化活動報告展は、5年間に1度しか行わなかったが、市民サークルの「まちなみ研究会」と学芸員が約2年にわたって準備をすすめ、「まちなみ提案　文化の駅・野田～まちへの想いを形に～」(2009年度)として公開した（図19）。まちなみ研究会は、建築士を中心に有志15名ほどの市民が集まって、市内の歴史的建造物の活用や景観形成によるまちづくり活動を行っている。メンバーは学芸員のサポートを受けつつ、展示物の収集と選定、展示構成や解説文の作成、広報や関連企画など、企画に関わる作業全般を主体的に担った（佐

藤 2011)。

　来館者からは、同会の提案や研究成果に対して好意的な反応が多かったほか、地域の現状や将来など、まちづくりへとつながる意見が多く見られた。一方で会員にとっては、「博物館という公的な場で展示を行うことで自信を得た」「まちづくりについて意見を交換することが出来た」という成果に加えて、新しい会員の獲得にもつながった。

図19　市民の文化活動報告展「まちなみ展」

(4) 特別展

　特別展は毎年、原則秋～冬期にかけて実施している。それらの開催状況も表8に示している。

　特別展もキャリアデザインの視点から、モノだけでなく、ヒトのキャリアにも焦点をあててきた。例えば「野田と樽職人」展（2007年度）では、樽職人である菅谷又三さんと玉ノ井芳雄さんが、樽作りの技術を民芸樽や花器などの製作に活かして、職人としてのキャリアの再設計をしたことが披露された。樽の歴史や容器としての側面だけでなく、職人による樽作りの工程とその道具、そして瓶や缶の登場によって容器としての樽の需要が落ち込んだ後の、職人のキャリアの変遷や生き様などを取り上げた。

　また、地元の民俗芸能・津久舞をテーマに開催した「野田の夏祭りと津久舞」展（2008年度）では、祭りの歴史を絵画や古文書資料から読み解くとともに、野田津久舞保存会の協力を得て、芸能の演じ手「ジュウジロウ」役を務める方に、ジュウジロウになったきっかけや、やりがいなどについて展示室で行ったミュージアムトークにおいて語っていただいた（図20）。

　特別展は、地域に眠る歴史・文化の再発見や再評価にも取り組んでいる。「建

図 20　特別展「津久舞展」 　　　図 21　特別展「山田守展」

図 22　特別展「利根運河展」展示解説 　　図 23　特別展「煎餅展」オープニング・レセプション

築家山田守と野田市郷土博物館」展（2009 年度）は、野田市郷土博物館の開館 50 周年にあわせて開催した（図 21）。山田守は京都タワーや日本武道館などを手がけた近代建築家の一人であるが、近代建築家の研究家や愛好家の間でも、野田市郷土博物館は山田守作品として十分に認知されてこなかった。そこで、博物館そのものを一つの展示物として捉えるとともに、設計者である山田守の作品や生涯を紹介することした。

　アンケートの意見からは、博物館そのものを貴重な地域の文化資源として認知するきっかけになったことや、近隣の歴史的建造物も含めた野田のまち全体を評価するきっかけとなったことなどの意見が寄せられた（田尻 2011）。

　同じく地域の文化資源の再発見や再評価に類するものとして、「利根運河三十六景」展（2010 年度）がある。同展は 1890 年に開削された利根運河の通水 120 周年を記念して、千葉県立関宿城博物館と流山市立博物館との合同事業として実施した。当館では利根運河周辺の豊かな自然に着目し、古くからの観

光地としての歴史や今も残る当時の建造物と合わせて運河をフィールドミュージアムに見立てた。そして関宿は「水運」、流山は「土木遺産」と、3館が利根運河を共通テーマにそれぞれの視点で展示を構成した。これまで見過ごされていた利根運河が、地域の歴史・文化・自然にとって貴重な遺産であることを多角的に評価した（図22）。

　地場の産業を応援するという意味では、「野田の煎餅」展（2011年度）も新たな試みとなった（図23）。街道と水運、醤油産業によって、野田には多くの煎餅屋が繁盛した歴史がある。しかし、往時は50店あったとわれる煎餅店は減少して知名度も低下した。また商店街の衰退化によって元気を失いかけていた。特別展では、煎餅の生産から販売までを行う地元の11店舗全店を、店主の顔が見えるような形で紹介した。各店の店主はオープニング・レセプションにも出席して盛況であった。この展覧会を開催したことで、煎餅店にとっては地元の煎餅を地域ブランドとして復活して外部に発信することに貢献した。まさに地域の「食」の文化資源を掘り起こして地域の経済活動にも影響を与えることになった。

　なお、会場では煎餅のセット販売も行った。各店舗の煎餅を各1枚、計6枚の組み合わせを自分で自由に作って購入することができるというオリジナルなセットを420円で販売したところ、来館者には土産物として好評であった。ちなみに約2,000枚を売り上げて煎餅店の売り上げにも貢献した。

第7章　市民のキャリアデザイン

1. 学校と連携する

　小学校、中学校、高校、大学などの学校との連携活動は、多様なコミュニティとの連携の中で約3分の1を占めている。博物館の見学会のほか、出前授業や学芸員の出張講演など、アウトリーチ（出張事業）も行っている。その他、中学生の職場体験の受け入れや、小学校の合唱部がコンサート出演することなどもある。

　見学会のねらいでは、「昔のくらしを知ろう」というテーマが最も多い。これは博物館が小学校からの要望に応えやすいテーマの一つである。常設展では、近隣の小学校の校舎や建物の古写真などを展示しており、子どもたちに身近な印象を与えるようにしている。また、市民会館内の見学は好評である。ここでは、かつての醤油醸造家の暮らしぶりが理解できるのだが、子どもたちにとっては、長い廊下や、広い畳の広間、薄暗い地下貯蔵庫、アニメーション映画でも観たことがある五右衛門風呂や旧式の冷蔵庫などが目新しくて、興奮するようだ。市民会館の見学は教員の反応もよい（図24）。

　こうした見学会のほとんどは学

図24 小学生たちが旧茂木邸（市民会館）の台所を見学

校側から伝えられる日時と希望内容にあわせて、学芸員から細かな見学内容と時間配分を提案している。例えば「昔のくらし」であれば先述したような見学ができる。さらに、希望する学校には、市民会館の部屋を使い、収蔵資料の中から大正〜昭和中期頃までの昔のくらしの道具を並べて、学芸員が解説をする。あるいは、小学校高学年の歴史学習で利用する場合は、縄文時代から古墳時代の生活道具、すなわち出土遺物などを見学できるようにする。春から夏にかけて開催する企画展「野田に生きた人々　その生活と文化」は、こうした歴史学習の際には利用しやすい内容となっている。

　ただし、学校側の希望は日時と漠然としたテーマのみであることも多く、それを、どのようにして子どもたちの効果的な学習につなげるかは、学芸員の解説や用意する課題が重要となる。

　例えば、ある小学校の見学会に際しては、展示や建物の見学だけで帰るのではなく、学んだ内容について自分自身の体験にひきつけて考えてもらうために、学芸員がワークショップを実施した（図25）。具体的には、まず、学芸員が、「野田に生きた人々　その生活と文化」展の展示をベースに、縄文時代のくらしについて解説する。そこで学んだ内容を、あらかじめ配布しておいたワークシートに各自書いてもらう。なおワークシートには、既にその後に使う四つの課題が書いてあるので児童にはそれを踏まえてまとめてもらう。課題は、縄文時代の人々が、「食材を手に入れるには」「火を起こすには」「調理器具は」「ゴミ、食べかすを片付けるには」どのようにしていたか、の４点とした。

　次に机を班の形にして、グループワークに移った。各自が書きとめておいた内容を、他の児童と話し合いながら模造紙に整理していく。この過程については、先に学んだ内容の復習を兼ねているので、学習効果が高まる上に、仲間とディスカッションをして一つの答えを導き出す練習になる。

　まとめ終えたら、次のステップとして、同じ四つの課題について「今」「私たちは」どのようにしているか、を考えてもらい同じく模造紙に書き足していった。ここで学芸員は、答えの正否を求めずに、考え方の道筋、グループワークが円滑に協力的に行われているかについて気を配り、各グループをサ

ポートした。

　このプロセスが、先述したとおり、学んだ内容を自分の体験にひきつけて考えてもらうための一工夫である。そうすることで、学びが机上の論に終わらず、「昔」の生活と「今」の生活の関連から体系立てて理解することができるようになる（第4章2を参照）。

　最後に、グループごとに発表する。「今と昔でこういう風に違うのってなぜだろう？」「逆に今と昔で同じことってあるかなあ？」という学芸員から質問を投げかけて、結びとした。

　これは、博物館のコレクションを活用した学びのプログラムの試作版として、今後も改善、活用を続けていくことになっている。

図 25-1　小学生を対象としたワークショップ（学芸員による説明）

図 25-2　小学校を対象としたワークショップ（学芸員が指導する）

　学校との連携において、いっそう重視されるのは、子どもとの関係性以上に教員と学芸員との関係づくりの方である。そのためにはまず教員が博物館の利用に慣れていく必要がある。そして、キャリアデザインの拠点である博物館が、教員が地域に関心を持つための機会をつくったり、社会参加に対する意識を育てることである。

　これについては、教育委員会からはたらきかけてもらい、新規採用教職員研修の講師を学芸員が務めることとなった。野田市の小中学校の採用教職員には、地元で生まれ育っていない人たちが多い。地域に全くなじみのない採用職員には、まずは地域のことを知ってもらう必要がある。それを行うのに、博物館は最適である。博物館のコレクションや情報などの資源を使い、学芸員が市

内各校の教員と直接的な交流をすることで、地域密着型の博学連携につなげていくことができる。

2. キャリアデザイン事業の展開

キャリアデザイン事業は、野田市郷土博物館にとっても、また全国の地域博物館にとっても、新しい考え方に基づく取り組みである。ここに紹介する各事業は、先述に示した市民キャリアデザインをはかるための具体的な事例となる（第4章2・3・5を参照）。その具体的な活動を見ることにする。

(1) 7年間続けた寺子屋講座

寺子屋講座はNPO法人野田文化広場の設立当初より開催し、博物館の指定管理を始めてからも自主事業という形で継続実施している。2011年度現在で実に7年間続けたことになる。寺子屋講座には「まちの仕事人講話」と「芸道文化講座」（2006年度までは「親子体験実習」）があり、それぞれ月1度の開催を続けてきた結果、累積回数は200回に近くなっている。

寺子屋講座はキャリアデザイン事業としてどのような意味を持っているのだろうか。

「まちの仕事人講話」は、「仕事とは何か？」をそれぞれの仕事道の経験者に直接語ってもらい、仕事や職業についての理解を促すものである（図26〜29）。これまで職人、技術者、商店主、農業従事者、料理人、

図26 寺子屋（第38回まちの仕事人講話）

図27 寺子屋（第49回まちの仕事人講話）

第 7 章　市民のキャリアデザイン　95

サービス業、福祉関係者、ボランティア団体代表者、会社経営者、アーティスト、俳優などの多岐にわたる職業、さらに報酬がともなわないような仕事や活動も含めてとりあげてきた。また、特別な仕事や著名人だけではなく、身近な職業に従事する市民にも積極的に登場していただいた。そしてあまり知られていない裏話や、その職業に携わることになったきっかけなど、等身大の人生を語ってもらうのである。仕事人の年代も、20代後半から80代前半まで幅広い。参加者はこれらの語りから、その職業や技能にまつわる知識だけでなく、人生（キャリア）の各段階において、どうしてその生き方を選択したのか、その時何を考え行動したのか、またそうさせた背景は何だったのかについて学ぶ。それを自分の生き方に反映させて考えてもらう。

図 28　寺子屋（第 50 回まちの仕事人講話）

図 29　寺子屋（第 57 回まちの仕事人講話）

　寺子屋講座では、1時間半の講座の最後に約30分の懇談の時間を設け、講師と参加者、あるいは参加者同士のコミュニケーションの時間をとっているのが特徴である。その場に居合わせた参加者同士が、働くことや人生という話題を共有して語り合うことによって、それぞれの人生に刺激を与え、それぞれのキャリアデザインにつながる。また、同じ地域にこうした職や技能を持つ人が住んでいる事実を知ることが、地域の再発見や、地域活動に取り組む仲間づくりにつながると思われる。

表 9-1　2007〜2011年度寺子屋講座　まちの仕事人講話一覧

回数	実施日	タイトル	講師（敬称略）	肩書き
25	2007.4.1	野田名物　塩せんべい	藤井浩	藤井本店会長
26	2007.5.6	バイオリンという生き物	柳澤直美	仙台フィルハーモニー管弦楽団　バイオリン奏者
27	2007.6.3	交通勤務からまめばん勤務までの五十年〜地域の皆さまに支えられて〜	遠藤英男	警察官OB
28	2007.7.1	きもの・帯すびにひかれて	渡辺智子	（社）全日本きものの振興会認定きものコンサルタント
29	2007.8.5	相談員として学んだこと〜現代の家族関係〜	加藤庸子	野田市消費生活センター相談員
30	2007.9.2	ちょっとだけYS-11〜初飛行から3年間の製造現場寸描〜	本橋尚徳	グラフィックデザイナー・元YS-11技術部技手
31	2007.10.7	野田の伝統　町樽屋の思い出	菅谷又三	千葉県伝統的工芸品指定・元キッコーマン出入り町樽屋
32	2007.11.4	いい風ください！	新井晴み	女優
33	2007.12.2	薬は怖い。されど・・・	今成登志男	千葉大学名誉教授
34	2008.1.20	ホテルマンから大工の棟梁へ	吉岡政行	（社）千葉県建築士会野田支部副支部長／山崎里区自治会会長
35	2008.2.3	テント屋　私の場合	中村藤一郎	中有テント有限会社取締役
36	2008.3.2	日本鏝と50年の歩み	新井茂	左官
37	2008.4.6	子供達の為に、何を残せるのか？〜建物に託す未来〜	田中教二	三洋ホームス株式会社東京支店　千営営業所所長／一級建築士
38	2008.5.18	消防人がみんなで安心・安全の知恵	大柴富二郎	野田市消防署長
39	2008.6.1	料理人として生きる〜仕事に誇りを持って〜	川上弘	全国日本料理技能士連合会会頭／割烹レストラン／柴乃山岳永久会員
40	2008.7.6	人と自然とちょっと冒険	小倉菫子	冒険家／日本山岳会永久会員
41	2008.8.17	今、日本の四季が危ない〜	野口久	環境カウンセラー
42	2008.9.7	唄と絵をお届けします〜訪問ボランティアグループ「野の花会」〜	松本敏行	野田市ボランティアグループ「野の花会」副会長
43	2008.10.19	ゴミを商品にかえる〜家庭から出た後、ゴミはどこに行くのか？	関秀一	株式会社リサイクル代表取締役／我孫子市嗜業物処理協業組合理事長
44	2008.11.2	空を飛ぶか、山を走る	沢野有希	bayfm（ベイエフエム）アナウンサー・トレイルランナー
45	2008.12.7	和菓子職人の生き様	石塚次生	御菓子司窯久屋主人／千葉県和菓子技能士会理事
46	2009.1.18	陶芸を見つけた道	松本伸一	太建黒　陶芸サロン主宰
47	2009.2.1	日本刀に魅せられて〜古美術界のいろいろ〜	松本富夫	野田市美術研究会会長／美術刀剣類市場
48	2009.3.15	試行錯誤を楽しむ科学教育	岡田晃次	野田会会主／科学教育プロデューサー
49	2009.4.5	イラストから絵画、挿絵、造形、オブジェ、クラフト、修復まで	澤田賢	アートワーク職人
50	2009.5.3	家庭包丁研ぎ教室	逸見紀一郎	刃物のへんみ
51	2009.6.7	蒲鉾作り　技を磨く・伝える	八木竜太郎	蒲鉾の八木橋／蒲鉾1級技能士

第 7 章 市民のキャリアデザイン

回数	実施日	タイトル	講師（敬称略）	肩書き
52	2009.7.5	パレスチナで覚えた～市民社会が担う国際協力と平和貢献～	成瀬猛	JICA 国際協力専門員
53	2009.8.2	私が支えた 100 の NPO ～定年後の人生を活かして～	山之内充行	NPO 事業サポートセンターインストラクター
54	2009.9.6	鉄道の仕事あれこれ～駅係員と車掌の経験～	木村勝弘	東武鉄道七光台駅管区長
55	2009.10.4	食物のまちを変える～えだ豆と醤油で全国に発信中～	渡邊孝	コメスタ・ドーム株式会社社長
56	2009.11.1	日本のアニメは世界一	佐野浩平	元アニメ会社役員
57	2009.12.20	木のダイヤモンドでつくる伝統の家具	望月悦二郎	曽木櫛工業月4代目
58	2010.1.17	地域企業に元気を与える！～コンサルティング業務の舞台裏～	樋渡弘	株式会社 MAP 専務取締役／アーティスト
59	2010.2.7	10万人に言葉を書いてきた男が語るコミュニケーションと表現力～	稲葉焠治	経営コンサルタント グロビコン埼玉 代表
60	2010.3.7	"苗" に込める言葉～歌をつくるこだわり～	榊原智子	作詞家
61	2010.4.4	心に響く音楽を目指して～ウィーンで学んだこと～	熊坂牧子	ソプラノ歌手／ミューズ熊坂音楽スタジオ 代表
62	2010.5.16	責任ある仕事～次世代に伝えたい想い～	山崎勝三郎	山崎板金店主／1級建築板金技能士
63	2010.6.6	新聞屋さんから広がるまちづくり	藤本武	読売センター野田中央所長
64	2010.7.4	多文化共生って何だろう～外国人との協働～	大野敦子	柏市国際交流協会／在住外国人ネットワーク委員長
65	2010.8.1	ボケたらどうする？～認知症介護の現場から～	高梨綾子	ケアグループホームあったかさん代表／認知症ケア専門士
66	2010.9.5	木目の魅力を引き立てる家具の塗装～木が好きをもっと楽しく仕上げたい～	長澤良一	木材塗装研究会／木工塗装一級技能士
67	2010.10.3	うん、がいい！事業～利根運河交流館1周年を振り返って～	小名木紀子	利根運河交流館 スタッフ
68	2010.11.7	昭和30年代の海外旅行～旅行業者代表～	加藤正太郎	元商行会社勤務
69	2010.12.5	私の原風景～建築家が見た途上国復興支援の実情～	村上廣司	一級建築士
70	2011.1.16	靴をつくるカタ改善～健康は自分で守る～	田中宏一	靴の加工職人／スポーツトレーナー
71	2011.2.6	刺激的でやさしいまちづくりを目指して～NPO法人さい・びーんずの活動を語る～	清水幹夫	NPO法人さい・びーんず理事長
72	2011.3.6	趣味が高じて～1.8兆円を高出力自転車の事業化～	織田紀之	オーテック有限会社代表取締役
73	2011.4.3	東日本大震災の影響により中止		
74	2011.5.1	本が手元に届くまで～出版取次業の変遷	佐藤津風	元出版流通会社勤務
75	2011.6.5	会社から社会保険労務士～再生、そして社会保険労務士	古谷浩一	古谷社会保険労務士事務所代表／元柏そごう人事部人事担当
76	2011.7.3	心豊かな老後を送るために～資産管理と成年後見制度～	有馬英純	ファイナンシャルプランナー／行政書士
77	2011.8.7	太陽光発電システムを自作～太陽光発電の手軽な利用から本格システムの自作まで～	大澤一秋	電子工作家／元アマチュア無線家
78	2011.9.4	子どもが継やかに成長できるネットワーク作りを目指して	沖田多惠子	子ども未来ネットワーク野田事務局長
79	2011.10.2	俳優という職業～野田の隣人、山中直治と飴細工を演じて～	森本宏仁	俳優／演出家
80	2011.11.6	野田の煎餅 四方山話	日佐戸光明	市内煎餅店主
81	2011.11.20	ラジオから伝えること～震災報道を通じて～	澤田大樹	TBSラジオ＆コミュニケーションズ「森本毅郎スタンバイ」「文科系トークラジオLife」番組ディレクター

表 9-2　2007～2011年度寺子屋講座　芸道文化講座一覧

回数	実施日	タイトル	講師（敬称略）	肩書き
25	2007.4.15	郷土画家　櫻田精一を訪ねる	櫻田久美	洋画家／日展評議員
26	2007.5.20	まちなか植物観察会	岩槻秀明	千葉県立関宿城博物館　客員研究員
27	2007.6.17	昭和歌謡史　パート2〜戦後の混乱期に流行った歌	須田敏男	歌謡史研究家
28	2007.7.15	土人形の魅力〜私のコレクションから〜	髙梨東資	郷土人形収集鑑賞家
29	2007.8.19	安来節（どじょうすくい）踊り方教室	松本敏行	野田市ボランティア活動グループ「野の花」会」副会長
30	2007.9.16	心よりに伝える花　お能の世界	髙梨良一	重要無形文化財総合指定保持者／観世流能楽師／日本能楽界会員
31	2007.10.21	野田の和樽はる今も生きている	王ノ井芳雄	樽職人
32	2007.11.18	精神科50年	岡田功さ	野田市社会福祉協議会会長／医療法人社団啓心会岡田病院理事相談役
33	2007.12.16	俳句を作ろう　パート3	津々楽明子	ホトトギス同人
34	2008.1.20	よさこいソーランを踊ってみよう！	冨田洋子	魁・sakigake 代表
35	2008.2.17	箏・人生を奏でる	冨賀文一	箏曲家
36	2008.3.17	[鰍油番付] 天保十一年版 を読む	平山忠夫	キッコーマン国際食文化研究センター　元センター長
37	2008.4.20	さくらそう（日本桜草）のはなし〜そのなりたちと鑑賞のしかた〜	茂田井宏	野田さくらそう会会代表世話人
38	2008.5.18	日本に馬がやってきた頃	下津谷達男	野田地方史懇話会会長
39	2008.6.15	まちなか植物観察会　パート2	岩槻秀明	千葉県立関宿城博物館　客員研究員
40	2008.7.20	昆虫の多様性に魅せられて〜私の標本箱からの報告	志賀一朗	千葉県昆虫談話会会員
41	2008.8.17	ビデオで見る将門伝説〜野田市に残る史跡・伝説〜	山口弘二	郷土ビデオ作家
42	2008.9.21	9月揚所中日にあわせて　もっと知ろう！大相撲と相撲甚句の世界	野村修三	野田相撲甚句会会員
43	2008.10.19	利根運河、壊よ花よ〜写真でつづる四季〜	内田金治	利根運河の生態系を守る会会員
44	2008.11.16	ようこそお気軽「論語」の世界へ	須藤明実	漢文学塾「里仁」主宰
45	2008.12.21	さんなでも楽しんで、なんにでも使える〜風呂敷から広がる世界〜	村田静枝	風呂敷研究会会員
46	2009.1.18	オイルとアロマの身体への作用	大越裕代	メディヘルスケア教育部総括責任者／エステオイル療法 19年
47	2009.2.15	蔵元で学ぶ日本酒造り〜きき酒で試す！あなたの五感	宮崎崇之	有限会社宮崎商店店長／SSI 認定　きき酒師
48	2009.3.15	古文書ってなんだろう？『入門編』	佐藤正三郎	野田市郷土博物館学芸員
49	2009.4.19	野田の中世を知ろう〜下河辺荘と鎌倉、室町、戦国時代〜	石橋一展	野田市立北部小学校教諭
50	2009.5.17	お花の押し絵をつくってみませんか	古谷利恵子	ギャラリー一真光
51	2009.6.21	ゆかたでおしゃれ　おはなしと実技指導	渡辺智子	渡辺和装学院／(社) 全日本きもの振興会認定きものコンサルタント
52	2009.7.19	聞く、見る、触る　千葉県の郷土人形〜下総人形と芝原人形	髙梨東資	郷土人形収集鑑賞家
53	2009.8.2	詩吟で楽しむ近代詩と歌謡曲	新留敏功	吟道館会師範
54	2009.9.20	140年前の小学校をのぞいてみよう！	髙梨綾子	野田市立中央小学校教育史料館編纂委員

第7章　市民のキャリアデザイン　99

回数	実施日	タイトル	講師（敬称略）	肩書き
55	2009.10.18	むかしの遊びを体験してみよう～大学生と作って遊ぶんこ、割り箸鉄砲～	法政大学キャリアデザイン学部の学生たち まちなみ研究会会員メンバー	
56	2009.11.15	まちなみ提案 文化の駅・野田～まちへの想いを語ろう～		
57	2009.12.20	謎の古文書「見聞雑記」を読み解く	佐藤和宏	野田地方史懇話会会員
58	2010.1.17	まちもあるき道～道がわかればまちなみが変わる～	杉浦文吾	(社)千葉県建築士会景観整備機構
59	2010.2.21	野田の剣術家たち	辻 淳	剣術流派調査研究会代表
60	2010.3.7	今に生きる野田の民俗芸能を描いて～グローバル化と身近な文化～	馬 驍	水墨画家／「鼎懇会」主宰
61	2010.4.18	山岳写真と私	山田輝雄	全日本山岳写真協会幹事
62	2010.5.16	茂木佐邸で聞く 名人戦の世界とその舞台裏	松尾昭孝	野田市民生経済部参事 兼 関根名人記念館担当
63	2010.6.20	元気な「ちば」を創る食育	古矢勝	ちば食育ボランティア／日本総合医学会会員
64	2010.7.18	ご先祖様を探す～最も身近な歴史探訪～	大澤一秋	養指導士 野田古文書仲間
65	2010.8.1	戦国関東のお城と社会～「城掟」を読む～	竹井英文	千葉城郭研究会会員／一橋大学大学院博士後期課程
66	2010.9.19	2時間でできるストラップづくり	渡邊日出	ビーズステッチ技能認定士
67	2010.10.17	樋口一葉「たけくらべ」のおもしろさ	向後朋朗	新古典朗読の会／演出家
68	2010.11.21	取り戻せる里山の自然～江川地区の実績と今後の取り組み～	木食敏夫	(株)野田自然共生ファーム常務取締役
69	2010.12.5	和学と横倉作りに魅せられて	柳田久徳	和学、横倉作り三十機年
70	2011.1.16	春風館長が語る野田の剣道	遠藤正春	春風館剣道場館長／教士八段
71	2011.2.20	和紙で作るひな人形	認可保育園コビーナーサリースクールの保育士たち	
72	2011.3.20	東日本大震災の影響により中止		
73	2011.4.17	東日本大震災の健康づくり～華道、書道、合唱、民謡etc……～	須賀貞彦	NPO法人野田レクリエーション協会会長
74	2011.5.15	趣味と心の健康づくり～華道、書道、合唱、民謡etc……～	荒井勝三男	元兼業酒業家
75	2011.6.19	昭和30年代の兼業農家の生活	丸井敬司	元千葉市立郷土博物館館長
76	2011.7.17	中世の関東、東葛飾郡～平将門と千葉氏～	田尻美和子	英語朗読家／野田市郷土博物館学芸員
77	2011.8.21	マザーグースで覚える英語のやさしい発音とリズム	野中健一	元個人美術館「小さなポケット」館長
78	2011.9.18	私が出会ったモノたち～自分なりの楽しさを探して	髙梨東道	ソウルミュージック（リズム・アンド・ブルース）愛好者
79	2011.10.16	ソウルミュージック「小倉ブック」を語ろう、聞こう	芹野恵子	(社)全日本かるた協会専任読手
80	2011.12.4	書物「小倉百人一首」から競技かるたまで	青木志郎	洋画家／ひらめき通信発表者
81	2011.12.18	人間が人間らしく生きるために～私が洋画を描いてひらめいたこと～		

図30 寺子屋（第34回芸道文化講座）

図31 寺子屋（第35回芸道文化講座）

なお、参加者のみならず、講師にとっても、寺子屋講座をきっかけに自分の人生の棚卸しとなり、自分を開放して語ることによって、何よりも自分の生き方を見つめ直すきっかけとなっているように思われる。参加者に生き方を認めてもらうことで、自分の人生を客観的に肯定することができ、また意見交換をすることで新たな出会いや交流が生まれる。博物館ではその後も、講師を務めた市民とはつながりを絶やさないようにしている。

寺子屋講座のうち、もう一方の「芸道文化講座」では、地域の文化を話題にするばかりでなく、国内や海外の文化を題材にして、文化がもつコミュニケーションの可能性を描きだすことを目的としている（図30・31）。こちらもやはり講師は市民に依頼している。例えば、美術、歴史、伝統文化、音楽、文学などの話題である。伝統的な芸能やアート活動に携わっている方には、実演をしてもらうことも多い。また、折り紙や押し絵など、参加者も実際に手を動かしてものづくりをするクラフト系の講座も年に1〜2回取り入れている。芸道文化講座もまた、市民がもつ知識や特技を他者と共有し、それを媒介に参加者同士のつながりを築けるよう工夫をしている。

寺子屋講座を7年間休まず続けてきたことにより、時折、市民から、「よくこんなに長く続けてきましたね」という感想が寄せられる。講師をどうやって

探しているのか、という質問を博物館を学ぶ学生から受けることもある。これについては、初期の段階では、NPO法人野田文化広場の多士済々の会員が、それぞれの"つて"で依頼をしてきた。当時は苦労もあったが、博物館をNPOが運営するようになってからは、むしろ講師探しに奔走することは少なくなった。講師をお願いした人が、講師に適した知人や友人を紹介してくれるためである。また、学芸員が利用者と話す中で、講師やテーマが自然と見つかることもある。これは、博物館が、さまざまな立場や職業、コミュニティの人が集まるハブの役目を果たしていることや、人的ネットワークが広がりをもつようになってきたからだと思われる。

(2) キャリアデザイン連続講座

「キャリアデザイン連続講座」は地域博物館の根幹事業としては極めて独自性の強い講座であるが、「市民のキャリアデザインの拠点」とする博物館にとってはミッションに直結する大事な事業となっている（図32）。NPO運営になってから数年間は、この講座を行うこと自体がミッションの存在や意味を市民に伝えるものであると位置づけた。そこで、連続講座のテーマ（内容）は毎年異なるものを取り上げてきた。

「私を生きる～扉を拓くために～」（2007年度）、「自分の知識・技能を次世代に伝えよう！～指導力養成講座（基礎編）～」（2008年度）、「心通わせる街づくりの力とは」（2009年度）、「次世代に伝えたいマナー」（2010年度）「今、人とのつながりを考える」（2011年度）と、キャリアデザインの概念学習から、より個別化・具体化したテーマに、あるいは言い方を変えれば「私」という自己の見つめ直しから「市民」としての役割とまちへの貢献に関する討論へと進化しつつある。

講師は坂巻美和子さん（株式会社社員教育研究室代表）という人材育成のプロである。だが、この講座では、主に定年退職した人や、また子育てを終えたまちのいわゆるシニア層の参加が多い。講師の坂巻さんには、講座の目的は「まちづくり市民」を育てることであることを伝え、それに即したテーマ設定

と内容にしていただいている。

　和風庭園を臨む市民会館の和室に、座卓を島状に配置して、座布団を並べて膝をつきあわせて行うグループワークは、経験豊富な坂巻さんにとっても初めてのスタイルであったと言う。

　この講座は、参加者数 10 〜 20 名と小規模で行われてきたが、その分、毎回密度の濃い内容となった。カードを用いた情報整理等の手法を利用したワークショップや、講師が用意する課題に対するグループワークなど、参加者は頭と手を動かし、他の参加者ともコミュニケーションをとりながら、課題の解決に取り組んでいく。ワークショップの課題はそのまま実生活や地域活動に生かせるものとなっている。例えば「心通わせる街づくりの力とは」「次世代に伝えたいマナー」のワークショップでまとめられた意見は、日々のごく普通の生活の中で役立つものとなった。講座終了後の参加者の意見をいくつか見ていくと、「街づくりのために出来ることを勇気を出してやることが、自分にとっても今後の人生が豊かになると思いました。楽しい 3 日間でした」（2009年度）、「町に対しても自分に対しても以前より関心ができてきました。とても具体的だったので、これからの生き方の設計に役立ちました」（2009 年度）、「あいさつの仕方や諸々の事、知らない事

図 32-1　キャリアデザイン連続講座

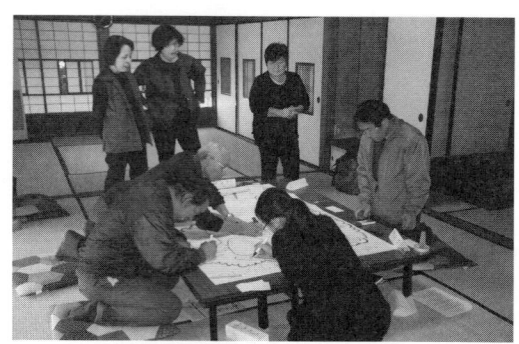

図 32-2　キャリアデザイン連続講座でのグループワーク

がどんなに多いか再確認しました。3回目（ワークショップ）は、みんなで作り上げる楽しさを感じました」（2010年度）、「マナーとは、単に形だけのものではなく、他人に配慮しお互いが気持ちよくすごすために絶対必要なものだと実感することができました。又違う世代の方々と少しではありますが交流ができまして、自分に足りないところや、他の方々の素敵なところを見ることができまして、大変刺激になりました」（2010年度）などといった、学んだことをそのまま実生活に活かしていこうとする前向きな気持がうかがえた。なお、この連続講座では、学芸員は講座を進行するための補助役であると同時に、一受講者として、他の受講者に交じって参加してきた。キャリアデザインに関する具体的な知識や、講座の運営・指導方法を学ぶ研修の場にもなっている。

(3) 自主研究グループを立ち上げる

キャリアデザインによる「まちづくり」においては、自らの住む地域を知って地域社会の一員としての役割を自覚して、さらに能動的に活動する自立した市民が望まれる。その具体的な姿の一つとして、自らの住んでいる地域の文化や歴史に目を向けて、自主的に調査研究活動を行うグループを育てることがあげられる。ここでは、既存の団体を発展させることは意図せず、博物館から新たな市民グループを立ち上げることを射程においている。自立・成長したグループには、活動の成果を企画展などの形で博物館に還元してもらい、協働してまちづくりを担うパートナーとして位置づけていく。

　この自主研究グループの育成のために、博物館は、地域の歴史・文化・自然に関する連続講座を実施してきた。いずれも3～6回の連続講座であり、内容は講義と実習を交えた内容である。なお、講師は、市民の学識経験者や学芸員が務めてきた。そして、連続講座修了後（最終回）に、学芸員は自主研究グループの結成を呼びかけ、受講者の同意が得られればグループ活動を開始する。グループでは、最初は講師が主導的な役割を果たす。また、グループが"自立"するまでの期間、博物館は必要な様々なサポート——例えば会の活動方針に関して提案することや、役割分担に関するアドバイス、活動場所や必要な用具の

図33 自主研究グループ育成講座「わたしたちのまち野田を語ろう・歩こう」パネルディスカッション

図34 自主研究グループ「野田古文書仲間」の活動

図35 自主研究グループ育成講座「みんなで調べよう、昭和の道具」資料情報の聞き取り

提供など——を行っている（図33〜35）。

表10は、各年度の自主研究グループ育成講座と、結成した自主研究グループの一覧である。

ここでは、現在博物館を拠点に活動が定例化している野田古文書仲間を事例として、結成の経緯とその後の活動を紹介する。このグループは2009年6月、「古文書入門」講座修了後に、学芸員の呼びかけに応じて、参加者が目的や活動の内容などを話し合って結成した。その後、毎月第1、3日曜日に2時間、約10人のメンバーで活動を続けている。

その活動内容は、講座で学んだことをふまえ、単に古文書を読むだけでなくその調査方法や文化財としての価値を学んでいる。「古文書入門」講座の大部分において学芸員が講師を務めたので、グループ結成後も、史料読解と調査の指導を学芸員が継続して

表10　各年度の自主研究グループ育成講座と結成した自主研究グループ

年　度	自主研究グループ育成講座	結成したグループ
2007年度	植物標本作り体験　連続講座	植物の会
2008年度	わたしたちのまち　野田を語ろう・歩こう	歴史散策会
2009年度	古文書入門～身近な歴史を学ぶ、調べる、守る～	野田古文書仲間
2011年度	みんなで調べよう、昭和の道具～博物館の裏側へようこそ～	なつかしの道具探究会

行ってきた。最近では史料の読解を自主的に進めることができるようになってきている。グループの運営面については、連絡、事務、会計などの世話人を会員が担当する。さらに、調査した古文書や野田に関係する史跡と博物館の見学、館外の関係資料の調査、他館の活動見学などを年に2回ほど行っている。

　結成から日は浅いものの、調査成果の一部を企画展「野田に生きた人々　その生活と文化パート3」展で発表したほか、博物館の年報・紀要（2010年度）には調査した古文書の目録や翻刻文などを掲載した。また、数年後には企画展「市民の文化活動報告展」において調査の成果を発表することを目標にしている。

　自主研究グループの立ち上げだけでなく、自主研究グループ育成講座やグループ活動をきっかけに、博物館の他の事業、例えば寺子屋講座を受講したり、その講師をしたり、市民公募展に出品したりといった、他の講座や関連企画にも参加するといった波及効果もある。

(4) 博物館ボランティアの活躍

　博物館ボランティアは2009年9月より活動を開始した。ボランティアを導入したねらいは、展示室内に常時スタッフを配置して来館者サービスの向上をはかるためである。

　博物館は、これまで特別展などの場合を除き、館内にはスタッフが一人もいない無人の状態で開館していた。2007年度以降は、ガイドの会との連携により、土日祝日に市民会館に1名駐在し、来館者への解説をはじめた。しかし平日の来館者からは依然として「博物館が無人でさびしい」という声が聞かれて

いた。このような声は来館者数が増加するほど顕著となった。しかし職員が常駐することはできない。そこで、市民が博物館のサポート役となるとともに、キャリアデザインにも役立つことから、博物館ボランティアを募集することにした。初年度には6名、翌年にはさらに増員し、現在は10名の市民が、展示室の受付（インフォメーションセンター）で、来館者の対応を行っている。シフトは9時～13時、13時～17時の4時間ずつの2交代制、一人が週に1～2回を担当している（図36）。

　主な業務は、来館者にチラシやアンケートを手渡すことである。展示解説に奔走することはないが、来館者から展示に関する質問があれば答えられる範囲で対応する。答えられない質問については学芸員に取り次ぎをする。博物館の刊行物の紹介、町中の道や施設に関する案内などもする。しかし業務の中で最も多くの時間を割くのが、来館者との自由なコミュニケーション、つまり世間話のようである。ボランティアによると、来館者の中には、極端な場合、見学よりもボランティアと話をしている時間の方が長い人もいるという。また、自分のことを語る来館者に対しては、聞き役にまわると喜ばれるのだという。このことは、博物館にとってもメリットがある。すなわち、博物館への要望を聞くことや、地域の情報収集にもなるためである。

　ボランティアが、いきいきと博物館に通える理由は何なのか。2011年度には、これまでの活動の成果と洗い出しを目的に、ボランティアメンバーでワークショップを実施した。これにより、多様な来館者とのコミュニケーションがボランティアにも活力をもたらしていることが分かった。「楽しかったと言ってもらえる」「来館者に声をかけて話が出来るようになった」。また、「博物館で仕事ができるなんて良いとお客さんにうらや

図36　博物館ボランティアによる来館者対応

ましがられる」こともあるという。

また、博物館に通うもう一つの動機は、展覧会から、地域の歴史や文化、自然、人について学ぶことができるというものである。「来館により多くの知識が得られ学びの場となる」「今まで知らなかっ

図37 博物館ボランティアの連絡会

たことの多いことに気がついた」「他の人に知識を伝える喜びがある」。そして自分自身が「博物館から得た知識を他人に話し広がりをもたせる、いわゆる発信基地となっている」というように、彼ら自身の別のコミュニティでの活動にも活かされているのである。ボランティア活動がメンバー自身のキャリアデザインの支援になっていることが分かる。

ボランティアのキャリア支援については、市民の自主調査研究グループの育成と同じように考えている。これまでの活動についての感想を共有化をするために、全員が集まる月に一度の連絡会をしている（図37）。また、ワークショップも行っている。ワークショップという作業を通して、意見のとりまとめの手法を学ぶ。自らの考えや意見を他者に向けて説明することや、それを全員で共有してグループとして一つの目標づくりをすることは、「まちづくり市民」の必要要件である。普段は個々で業務にあたるボランティアにとっては、全員が集まって意見交換をする時間をもつ必要がある。また、館外研修旅行を行っているが、それもモチベーションを維持し、外部からの刺激を受けて自らの活動を客観的に見直す意味で大事な機会となっている。最近では、ボランティア日誌の整理によって報告書を作成する作業を進めている。

3. 多彩なコミュニティとの交流とつなぎ役

　地域社会のハブとしての博物館を目指すために、学校、商工業者、農業者、医療・福祉関係者、市民団体、市役所などとの連携を図っていくことが必要である。博物館と連携するだけでなく、他の異なるコミュニティ同士をつなげるための活動も行っている（第4章6を参照）。

(1)「むらさきの里　野田ガイドの会」との連携事例
①市内ガイドの拠点

　ガイドの会は、2004年2月に野田市教育委員会社会教育課の主催で行われた「むらさきのさとガイドボランティア養成講座」の受講者が講座終了後に自主的に立ち上げた会である。会員約30名（2011年4月現在は40名）が、散策やウォーキング、研修等で市内を見て歩く人たちを対象に、見所をガイドするのが主たる活動であった。活動開始から3年程度が経過して活動体制や組織体制もできあがっていたが、活動の充実と継続のためには、日常的にメンバーが集まることのできる拠点が必要となっていた。

　指定管理者として運営を始める時期に、こちらから市民会館内にガイドが常駐できる拠点となる部屋を設けることと、同会に博物館の敷地や市民会館をガイドする事業を担当してもらうことを提案して、会からは快諾を得た。

　市内ガイド事業の仕組みは、次の通りである。まずガイドの予約や問い合わせは、学芸員が電話等で受け付けを行い、ガイドの会事務局の受付担当者に連絡をする。その後は学芸員の手を離れ、同会の組織（チーム編成）の中で担当者が決まり、予約者との調整や実際のガイドを行っている。

　博物館が市内散策の受付窓口となることで、学芸員は散策者に対して自館の見学を優先的に勧めることができる。また、ガイドの側でも、博物館や市民会館を、野田市駅周辺の「醤油の街　見所散策」モデルコースの中の主要ポイントとして位置づけ、積極的に見学場所として紹介するようになった。

第 7 章　市民のキャリアデザイン　109

表 11　ガイドの会の協力事業一覧

年　度	事　業
2008 年度	自主研究グループ育成講座「わたしたちのまち 野田を語ろう・歩こう！」企画協力・講師・案内役
2009 年度	特別展「建築家山田守と野田市郷土博物館」関連事業「野田の建築探訪ツアー」案内役
	市民の文化活動報告展「まちなみ提案 文化の駅・野田」関連事業「ガイドウォーク」案内役
	市民公募展「思い出のモノ語り」出品及びギャラリートーク出演
2010 年度	特別展「利根運河三十六景」めぐり歩きコース作成協力
	特別展「利根運河三十六景」関連事業「利根運河めぐり歩き」第 2 回「ぶらり散策」案内役

　ガイドの会にとっても、公共施設に拠点をもつことで、利用者や、他団体との対外的な信頼感を獲得できているようである。他の団体などと連携を図る際にも、信用の度合いを増し、来館者にガイドをする際にも効果的に働いている。

　また、2007 年 11 月からは、土・日・祝日にガイドの会のメンバーが市民会館に駐在し、予約無しの来館者に対しても博物館・市民会館を案内するようになっている。このことも、来館者サービスの向上につながっている。

　このように、ガイドの会の拠点を設けたことによ

図 38　ガイドの会会員による講座のサポート

図 39　野田の建築探訪ツアーの案内

図40 ガイドの会によるガイドウォークの案内

図41 ガイドの会による利根運河めぐり歩きの案内

り、博物館とガイドの会の双方にとって多くのメリットが得られた。ガイドの会に対するアンケート調査によれば、約93％のメンバーが、博物館に会の拠点を置くことがそれぞれの活動の役に立っていると考えているという。拠点は、会の維持と規模拡大に役立っているだけでなく、個々のメンバーにとって、学習の素材や市内外の様々な施設や出来事に関する情報を得る場となり、モチベーションの向上に役立っている。

②博物館のよきパートナー

このように、博物館とガイドの会はガイド事業において"互恵関係"にあるが、それ以外の事業についても、よきパートナーとなっている（図38～41）。

表11は、2007年度以降、ガイドの会が博物館に協力した事業を一覧にしたものである。通常の市内ガイド事業は除外している。

このように、ガイドの会からは、展覧会のテーマに合わせて関連講座の案内役として協力を得ていることが多い。建築関係の特別展「山田守展」はその一例である。また、歴史的建造物を取り上げた「まちなみ展」では市内の建造物、「利根運河展」では利根運河周辺の見所を、ガイドの会が担当した。また、自主研究グループ育成講座「わたしたちのまち 野田を語ろう！歩こう！」では、

学芸員2名とガイドの会の会長、事務局長をはじめとするメンバー4名からなるプロジェクトチームを立ち上げ、定期的に会合を行いながら協働で講座を運営した（柏女 2010）。講座を修了した人たちのうち、3名がガイドの会に入会している。

さらに、ガイドの会の事務局会議に館長と学芸員が出席し、博物館事業のPRを行うこともある。メンバーに事業参加を促したり、特別展オープニング・レセプションの出席にも協力してもらっている。

勉強熱心な40人のメンバーは、博物館が主催する講座のリピーターにもなっている。また、ガイドの会のメンバーは、市内の他団体にも所属していることが多く、個別に寺子屋講座の講師を頼んだり、その豊富な人的ネットワークをたどって講師を紹介してもらっている。

(2) 多様なコミュニティと連携を図る

博物館では、ガイドの会の他にも、市内を中心とした様々なコミュニティと日々連携を図っている。その形態は様々で、学校の団体見学や出前授業、共同調査、展覧会やイベントへの協力、寺子屋講師などが主なものとして挙げられる。2007年度から2010年度までの4年間で連携した団体は、累積すると、小中学校・高校が27、大学が9、農商工福祉等各種団体が44、市民団体が20、文化団体が3、行政機関が11にのぼる。

このうち、学校との連携については、先述した通りである。そのほかにも、小学校では地域を学習する「まち探検」「昔のくらし」、高学年の歴史の授業の校外学習があるが、これらについても博物館で対応している。また、ミュージアム・コンサート「福を呼ぶ響き」（2007年度）では野田市立福田第二小学校太鼓部の児童が樽太鼓を演奏したり、特別展「野田の夏祭りと津久舞」（2008年度）のオープニング・レセプションでは、野田市立中央小学校郷土芸能部と野田市立宮崎小学校おはやしクラブの児童が博物館において演奏している（図42・43）。

大学との連携は、特別展「野田と樽職人」（2007年度）のための合同調査に

おいて学芸員が指導した。また、法政大学キャリアデザイン学部のゼミではゼミ生が、寺子屋講座（1年間）のスタッフ業務にあたるほか、学生が企画と実施する講座を毎年1回行っている（図44・45）。

農業・商工業・医療福祉などの各種団体との連携では、例えば老人ホームと連携して回想法を実施した（図46）。回想法とは、映像・写真・モノなどを契機に個人の記憶を刺激することにより、活発なコミュニケーションをひきだし、認知症などの症状や、心理的な問題を抱える高齢者の機能回復をはかるものである。博物館では老人ホームの入所者に来館してもらい、昭和20〜30年代に使用された台所用品を中心とした生活道具を前に、当時の思い出を話してもらった。老人ホームから外出することで気分転換になるとともに、道具を通して仲間との共通の話題ができる。博物館のコレクションの一つの活用法にもなっている。

図42 ミュージアム・コンサート「福を呼ぶ響き」樽太鼓の演奏

図43 特別展「津久舞展」オープニング・レセプションでの津久囃子演奏

市民団体との連携では、郷土の作曲家の童謡を歌い継いでいる、「山中直治を歌う会」による山中直治コンサートを毎年、博物館の展示室で行っている（図47）。山中直治は昭和初期に活躍した地元の作曲家である。1996年の特別展「よみがえる山中直治　童謡の世界」で再評価をしてから、今日まで市民に歌い継がれている。

また、市民の文化活動報告展「まちなみ提案　文化の

第 7 章　市民のキャリアデザイン　113

図 44　法政大学との樽職人の合同調査

図 45　大学生が寺子屋を行う

図 46　老人ホームと連携した回想法

図 47　山中直治を歌う会によるコンサート

図 48　まちなみ研究会によるまちなみ展解説風景

図 49　茶道協会による呈茶席

駅・野田」の準備と会期中には、まちなみ研究会との連携関係ができた（図48）。この展覧会では、まちなみ研究会の持つネットワークによって、多くの関連事業が行われた。例えば「歴史的建造物の限定公開」では、社団法人千葉県建築士会野田支部の協力を得た。さらに建造物の所有者には、通常は非公開の建物内部の特別公開を承諾していただくことに加え、自身の体験談を語って

図 50　オープンサタデークラブ「日本舞踊」 　　図 51　オープンサタデークラブ「いけ花」

図 52　クラブフェスタの展示会 　　図 53　クラブフェスタの演奏会

　いただいた。「まちかど博物館」では、30店舗にものぼる市内の商店に、昔の商売道具や看板、古写真などを店先に並べてもらった。地元の食と観光をキーワードにまちづくりに取り組む市内のNPO法人そい・びーんずは、遠方にある歴史的建造物を見学しやすくするためのレンタサイクル事業「まめちゃり」を実施した（佐藤 2011）。

　文化団体との連携では、野田市茶道協会の協力により、市民会館の茶室「松樹庵」を利用した呈茶席を年2～3回開催している（図49）。茶会の経験の有無に関わらず楽しめる雰囲気づくりを工夫している。

　市役所との連携では、市教育委員会が主催するオープンサタデークラブの会場として、「いけ花」と「日本舞踊」の教室が通年で行われている。毎年、2月にはサタデークラブ全体の発表会をするが、市民会館内に各クラブの作品の展示をしたり、琴や日本舞踊の発表を博物館内で行う（図50～53）。

(3) コミュニティ同士のつなぎ役になる

　博物館では他の異なるコミュニティ同士をつなげる活動も行っている。市民の交流の場をつくるために、博物館はそれに必要な人的なサポートや情報などを提供することができる。

①観月会

　この会は、毎年仲秋の名月の日にあわせて行う月見の会である。市民会館の和風建築を活かして、演奏とともに軽食や和菓子を提供し、市民交流の場としている。この会は野田文化広場が発足当時から毎年行っている。参加者は、野田文化広場の会員やその家族、寺子屋講座の講師や企画展などの協力者で、毎回100名を超える盛況ぶりである。庭園のライトアップなどの演出とあわせて好評を博している。

　参加者の交流を目的にしていることから、会員や博物館職員は、懇談時には自らの知り合い同士を引き合わせるつなぎ役を務めている。催し物は、これまでに大正琴、一絃琴、地謡、落語、薩摩琵琶、フルート、チェロなど多岐にわたる。

　理事長からは、会の趣旨を説明した上で、博物館に対する日頃の協力へのお礼や、支援や協力のお願いをする。なお、お菓子は地元の和菓子屋が観月会に合わせたオリジナルのものをつくってくれるなど、市内の商店からも支援されている。

②人材バンク

　寺子屋講師を中心に、博物館に関係した様々な技能やキャリアを持つ市民の力を他の場所でも発揮していただくためのサポートをしている。

　メディアで頻繁に紹介される一部の人を除くと、市内にどんな人がいるのかを知ることや、その人に協力を求めることは意外に難しい。そこで、博物館はその紹介や仲介をする。これを「人材バンク」と呼んで機能させている。

　特にニーズがあるのは、学校の利用である。学校では、地域学習、伝統文化の学習、総合的な学習の時間に、子どもたちの指導者となる地域の人を探している。しかし、学校は意外と人的ネットワークや、講師探しの経験やノウハウ

が不足している。そうした背景から、講師に関する問い合わせが教員から博物館に来るようになってきた。学校側の希望をきき、それに合うような講師候補者に学芸員から連絡をする。了解が得られそうであれば、学校側に連絡先を伝えて直接に交渉をすすめてもらう。

博物館が関与するのはあくまで仲介までである。しかし講師をした市民や学校から事後に報告を受けると、それらの出会いが双方にとって好ましい結果になっていることがうかがえる。講師をした本人も、自身の技能やキャリアが子どもたちに伝えられたことに生きがいを感じている。

4. オーラルヒストリーを資料化する

博物館の収集する資料は有形物ばかりではなく、無形資料も対象になるが、中でも個人からの聞き取りをする歴史事象は生存中でなければ得ることができない。オーラルヒストリーは、文献記録や物的な資料と同じように歴史資料として貴重な情報である。野田市郷土博物館では、「モノ」だけでなく「ヒト」も収集対象としている。このため学芸員が個人史を聞き取り調査して、記録、整理蓄積し公開している。

例えば、地元で生まれ育った樽職人の菅谷又三さんと玉ノ井芳雄さんについて見てみよう。2人とも大正時代に樽屋に生まれて、修業を積んで樽職人となった。昭和20年代後半になると、それまで使われていた醬油用の樽が徐々に使われなくなり、周りの樽屋が廃業する中で、漬物樽やビールの木箱を作って生計をたてた。60代になると、2人の作った樽は千葉県の伝統的工芸品に認められた。また樽作りの技術を応用して、オリジナルの民芸品も開発してきた。「野田と樽職人〜町樽屋菅谷又三と売樽屋玉ノ井芳雄展〜」(2007年度)の調査にあたっては、2人から樽職人の道具や技術はもちろんのこと、樽職人としての生き様にも注目して、聞き取りを行った。

また、展覧会の会期中、寺子屋講座ではそれぞれに講師をしていただいた。菅谷さんは、その場で樽作りの実演をした(図54)。さらに、この特別展の終

了後、他の元樽職人やその家族にも集まってもらい、学芸員が司会と聞き役を務めて「野田樽職人サミット」と称する座談会を開催した（図55）。サミットによって、樽職人それぞれが自分の生きた時代や立場に合わせて技術を習得し、自らのキャリアを方向付けていったことが明らかとなった。これは樽職人という、失われていく伝統技術者の歴史資料を後世に残す意味をもつ。この内容は録音し、テープ起こしをして年報紀要に掲載し公表した。

　また、博物館は多様な人たちの生き方や仕事の技などについても同等に扱っている。寺子屋講座・まちの仕事人講話は、当人の許可を得たうえで、これまで80数回の講座をすべて録音している。うち一部（12編）は、テープ起こしをして、『キャリアデザイン記録集　寺子屋講座　まちの仕事人の言葉』（野田市郷土博物館 2009）という書籍にまとめた。

　企画展のうち、市民コレクション展では、コレクターのコレクションについての情報とキャリアを、市民公募展であれば公募資料に関するエピソードを応募者から聞き取り、展示にも反映している。

図54　樽職人による寺子屋・樽作りの実演

　こうして市民のキャリアを冊子にしたり、展示したりすることに対して最も反応があるのは、ほかでもない、話した本人からである。最初は、人前で話すことに抵抗を感じたり、果たしてどのような意味があるだろうかと懐疑的であった人も、話し終え、さら

図55　樽職人サミット

にそれをまとめていくにつれて、自分の人生を振り返ることができた、またそれを家族や身近な人に知ってもらえることに生きがいを感じるようになっている（第4章3を参照）。オーラルヒストリーを資料化することは、本人のキャリアデザインにとっても有益なのである。さらに、それを公開して他者（市民）と共有することで、地域の人たちの生き方を知り、それに対する賞賛や敬意の念も寄せられている（田尻 2009）。

第8章　市民のキャリアを支援する学芸員の役割

　前章では、市民のキャリアデザインを実現するうえでの具体的な事業を述べた。そこでみたことは、学芸員はこれまでのように博物館の機能を充足することのほかに、市民との交流やキャリア支援をするためにコーディネーションを担当していることである。まずは、これまでの学芸員の役割と、これからの学芸員の役割の比較をする。市民のキャリアを支援するために学芸員が留意する要件とは何かということについても触れることにする。もっとも、博物館では館長が館務の全体を統括して、学芸員のほかに事務系職員も一体になって運営するわけであるが、ここでは、現場の最前線で働く学芸員にスポットをあてることにする。

1. 変化する学芸員の役割とは

　どこの博物館でも資料を収集して、整理保管し、調査研究に基づいた成果を展覧会によって公表することが基本的な仕事である。野田市郷土博物館（直営時代）は、先述のように限られた人員体制のもとで、こうした作業をバランスよくやることが困難であったが、ＮＰＯが運営するようになってから改善された。さらに当館は、変化する地域社会や、そこで暮らす人々の生き方のニーズに少しでも対応することのできるように、ミッションの見直しを行った。

　表12は、新しいミッションのもとに、学芸員の役割を整理したものである。＜資料のドキュメンテーション＞、＜調査研究＞、＜展示活動＞は、これまでの他の公立博物館でも行われている。いわば学芸員としては当然にやるべき仕事である。しかし、これからの博物館は、これまでの枠組みのままでは、地域

表12　これまでの博物館とこれからの博物館の業務の比較

	これまでの博物館	これからの博物館
資料のドキュメンテーション （収集、整理保管、活用）	○	○
調査研究	○	○
展示活動 （常設展、企画展、特別展）	○	○
利用者サービスをはかる	△	○
交流の場を確保する	△	○
市民活動をコーディネートする	△	○
市民のキャリアを支援する	×	○

社会の変化に対応することができない。

　まずは、博物館の来館者を増やすために、＜利用者サービスをはかる＞ことである。これについて、近年の公立博物館の中には、例えば、学芸員がボランティア養成をし、ボランティアが来館者に展示解説などをして好評を得ているところが多い。同じように当館でも学芸員がボランティアを養成し展示室の受付に配置している。ボランティアは来館者に展示解説をするほか、市内の施設や食事場所の案内などのように、きめ細かく対応している。さらに来館者の声を集めている。現在、もっとも多いクレームは、駅からのアクセスが不便であるというものだ。博物館そのものについても「冬場は寒い」「夏場は暑い」といった意見もある。しかし、来館者サービスの視点からいえば、そうした来館者の声は「宝の山」として認めたうえで、改善をはからなければならない。それによって更なるサービスの向上につなげていくことができる。

　また、学芸員が利用者と顔を合わることが大切である。当館では、市民会館の「市民つどいの間」に、カウンターで仕切られた学芸員の事務スペースがあることで、利用者はいつ来ても学芸員と話ができるし、質問も可能である。多くの博物館では、学芸員は一般に立ち入ることのできない、バックヤードの学芸員室にいるが、当館はそれとは違う。

　次は、＜交流の場を確保する＞ことである。このことは、これまでにも、例えば平塚市博物館のように一部の公立博物館では行われてきた。平塚市博物館

では、市民サークルによる調査研究活動が盛んである。毎年5月には「博物館まつり」といって、各サークルが1年間の活動の成果や様子を展示し発表するなどしている。これは同じ博物館で活動しているものの、異なる分野を扱っているために市民同士で日頃の交流ができないという問題を解消し、市民が相互の活動を理解しあう場として役立っている。

当館では、先述したように、寺子屋講座、観月会、ミュージアム・コンサート、人材バンクなどを市民交流の機会にあてている。寺子屋講座では、講師の話の後に参加者との意見交換の時間を設けるようにしている。参加者に一人ずつ自己紹介と感想を述べてもらう中で、新たな話題が出れば講師はそれについてコメントする。この間の進行役は学芸員が務める。また、講師が関連する分野についてより詳しく聞きたい、学びたいという人は、講座終了後に個別に相談をすることもある。こうして、寺子屋講座は講師と参加者との交流に役立っている。

観月会は、博物館に協力していただいている人たちを招待する市民交流会である。学芸員は、仕事で知り合いになった人たちを他の人に引き合わせるつなぎ役を務めている。こうしてこれまで交流のなかった人たち同士をつなげていくことで、博物館が新しいコミュニティの拠点になっていく。また、少し性格は異なるが、人材バンクも市民と学校などとのつなぎ役になっている。寺子屋講師などを務めた人たちから許可を得たうえで、その情報を管理し、紹介の希望があれば、学芸員が本人に連絡をとって意向を確認し、希望者に連絡先を伝えるところまでをする。

こうして、学芸員はひろく市民活動の情報を集めて市民同士をつなぐ橋渡し役をする。個人は他者との共存関係の上に成り立つということを自覚して、博物館を市民の交流の場にするようにつとめる。

次に、＜市民活動をコーディネートする＞ことについても、これまでの博物館ではあまり見られない。しかし、先述した平塚市博物館のように、市民サークルの調査研究活動は学芸員の指導に負うところが大きい。同じような事例は、滋賀県立琵琶湖博物館や兵庫県立人と自然の博物館などにもみられる。当

館でも、やはり学芸員が自主研究グループや博物館ボランティアなどの育成に取り組んでいる。

最後に、＜市民のキャリアを支援する＞ことについては、これまでの公立博物館での取り組みはほとんどなかったといえる。それは「個人の自立」や「市民としての自立」をめざすことを意味する。学芸員はそのことを意識した上で、事業を企画することである。これまでのように、事業を単純にこなすことを目的にするのではなく、目的を意識しながら事業を試行する。効果がなければ修正する柔軟さがもとめられる。

2. 学芸員が市民のキャリアを支援するために

当館では、＜市民のキャリアを支援する＞ために、学芸員が留意する要点を次のように整理することができる。

(1) 子どもたちのキャリアを支援する

まずは子どもたちのキャリアを支援するには、次の四つの点が考えられる。一つめは、学習目標を明確にすることである。つまり適切なテーマを設定する。例えば、「昔の生活」というような漠然としたテーマよりも、「縄文人はどのようにして土器をつくったのか」、「江戸時代の人たちは何を食べていたのか」などのように、具体的なテーマを設定することである。そのことを含めて、事前に学芸員は教師とよく話し合っておくようにしている。二つめは、子どもに考えさせる機会を与えることである。そのために学芸員は子どもたちに質問をする。決して一方的に答えを与えるだけで終わりにしない。三つめは、基礎的知識を提供してからグループワークを行い、その結果を発表する場をつくる。四つめは、その成果物を博物館で公開する。展示やウェッブサイトなどのように、公的な場に出すことで、子どもたちの意識は社会や地域とつながるようになる。

（2）個人の生き方を支援する

次に、市民の「個人の生き方」を支援するために、学芸員が留意することを次のように整理することができる。

一つめは、学芸員は市民と対等な関係である。学芸員は「先生」ではなく支援者である。お互いに市民であるという立場でコミュニケーションをとることで、信頼関係が生まれる。二つめは、人びとは様々なキャリアをもっていることを認識する。キャリアは個々人にとって個性的なものである。これまでの生き方をはじめ、仕事の経験や技、趣味や地域活動などのキャリアを尊重することである。三つめは、学芸員はキャリアの聞き役である。たとえば寺子屋講座では、人前で話をしたことのない人たちに講師になってもらう。講師たちは、自分のキャリアを他者が聞いてどう思うかと、緊張し不安になる。学芸員は事前の打ち合わせで、まずは話を傾聴してその人のキャリアを評価し共感する。そして相談し合いながら、当日は相手が恥をかいたと思わせないように配慮する。例えば、話すことに自信のない人に対しては、学芸員が話の引き出し役となって対談形式にするなど臨機応変に対応する。

（3）「まちづくり市民」になることを支援する

そして、人々が「まちづくり市民」となることを支援するために、学芸員が留意することは次のようになる。

一つめは、学芸員は市民とともに地域の課題を共有して、その解決に取り組もうとすることである。二つめは、市民サークルと親交をもつことである。代表者など特定人物との付き合いに限定せず、なるべく多くのメンバーと面識をもち挨拶する関係をつくるようにする。三つめは、学芸員は市民サークルの人たちに対して面倒がらずに親身に対応することである。すると彼らは博物館の協力者になってくれる。四つめは、学芸員は市民が展示という表現手段を身につけることを支援する。たとえば市民の文化活動報告展「まちなみ提案　文化の駅・野田」では、メンバー自らが展示企画や準備・設営をし、学芸員はそれをサポートした。メンバーはこれまで展示をした経験がなかったが、学芸員の

指導により新しい表現方法を体得することができた。この人たちは今後、公民館やコミュニティセンターなどでも展示活動ができるようになる。自らの活動を公開する表現の幅に広がりをもつようになった。

3. 学芸員たちの活躍

　ここで、実際に野田市郷土博物館で働いている学芸員たちを紹介しておきたい。私は、これまでに博物館を再生するための基本的な考え方を示し、そのうえで行動計画や事業計画づくりなどを手掛けてきた。それを実際に現場で実行するのは学芸員たちである。当館の再生は、この学芸員たちの努力があったからこそ実現することができたわけだ。4人の学芸員に対して、着任してからの仕事上の役割や留意点、やりがいなどについてヒアリングをしたので紹介しておきたい。

　田尻美和子さん。国際基督教大学教養学部人文科学科卒。東京大学大学院博士前期課程（人文社会系研究科文化資源学研究専攻）修了。2007年4月1日に着任した。これまでの主な担当は、市民コレクション展「土人形の魅力〜髙梨東道さんのコレクション〜」、企画展「野田に生きた人々　その生活と文化」、特別展「建築家山田守と野田市郷土博物館」、企画展「関根金次郎と渡辺東一」、ミュージアム・コンサート、キャリアデザイン連続講座、博物館ボランティアの養成である。また、年間を通じて、ウェブサイトや広報原稿の作成、特別展の展示解説図録や年報紀要などの刊行物の編集などを担当する。さらに、NPO法人の設立準備の段階から関わっていたことを生かして、年度毎の予算編成の下案づくりなどマネジメント業務、外部からの視察対応など対外的な業務も受け持っている。
　キャリアデザイン事業や対外的業務にやや比重があるため、キャリアデザインについて考える機会は他の学芸員よりも多い。その中で心がけているのは、利用者にいつも分かりやすい言葉でキャリアデザインの考え方を伝えることで

ある。来館者との毎日のコミュニケーションにおいても、展覧会や図録をつくる上でも、どうしたら博物館のミッションが生きるものになるのか、理解を得られるのか、常に考えているという。

仕事は新しい挑戦の連続なので、失敗を過度に恐れずにのびのびと出来る環境であること、いいアイデアを評価してくれる環境であることがやりがいにつながっている。小さな気遣いを積み重ねることで大きな成果として結実する実感も、市民と身近に触れ合っているこの博物館の仕事ならではの魅力だという。5年間の勤務の中で、自ら動く姿勢から、後輩の学芸員をサポートしたり、市民のファシリテーターをしたりと役割が変化してきている。ファシリテーター役については、まだ模索段階のようである。

柏女弘道さん。法政大学文学部史学科卒。明治大学大学院博士前期課程（文学研究科史学専攻）修了。2007年4月1日に着任した。これまでの主な担当は、市民公募展「市民会館の今と昔～市民が語る旧茂木佐平治邸～」、市民コレクション展「刀剣に魅せられて」、企画展「野田に生きた人々　その生活と文化　パート2」、市民公募展「思い出のモノ語り」、特別展「利根運河三十六景～運河をめぐる、ひと・もの・こと～」、自主研究グループ育成連続講座「わたしたちのまち　野田を語ろう・歩こう！」、勾玉作り体験教室等である。また、年間を通じて、資料写真の館外貸出、展示室や収蔵庫のIPM、事業予定や業務報告書等、市への定期報告書の取りまとめや問い合わせへの対応などを行っている。他の学芸員に比べて報告書の取りまとめなど学芸系事務の比重がやや高いが、その分、館全体の動きや他の学芸員の仕事について把握しやすくなっている。

仕事上では、あらゆる仕事をこなすことができるようにしたいと考えている。また、博物館に来館する人たちの目的は様々であり、様々な仕事を経験することで、相手に合わせたキャリアの支援にも役立つように配慮している。

博物館の仕事は多岐にわたるため、豊富な経験ができることが魅力であるという。また、学芸員はオープンスペースで業務を行うため市民と触れ合う機会

が多く、反応や感想などを直接聞くことができることもやりがいにつながっているという。新たに始める仕事よりも経験済みの仕事を継続して行うことが増えてきているが、慣れや惰性で行うのではなく、常に新たな気持ちで取り組んでいく必要を感じている。

　佐藤正三郎さん。千葉大学文学部史学科卒。千葉大学大学院博士前期課程（人文社会科学研究科地域文化形成専攻）修了。2008年3月1日に着任した。これまでの主な担当は、市民コレクション展「昆虫採集70年～志賀一朗さんが見つめた野田市の自然～」、市民の文化活動報告展「まちなみ提案　文化の駅・野田～まちへの想いを形に～」、企画展「野田に生きた人々　その生活と文化パート4」、常設展示リニューアル、2008年度～2010年度の寺子屋講座、自主研究グループ育成講座「古文書入門～身近な歴史を学ぶ、調べる、守る～」と同講座をもとに結成された「野田古文書仲間」の活動補助を担当。博物館の基礎的機能のなかでは所蔵資料の管理と保存・修繕計画、目録化と電子データベース化、資料閲覧、図書の受入や管理などを担当している。
　博物館の基礎的機能のなかで、特に資料情報の整理と公開、レファレンスの充実に意識を向けている。専門である日本近世史やアーカイブズ学の知識を活かし、未整理の歴史資料の目録化、電子データベース化、情報の集約を行うことで、レファレンスや展示、講座などで資料活用の幅を広げていきたい、という。キャリアデザイン事業のなかでは、市民とのつながりを重視している。これまでに約50回担当した寺子屋講座の講師や参加者、自主研究グループ、まちなみ研究会会員や、「まちかど博物館」での商店街店主など、多彩な人たちとの出会いがあった。この出会いから人間的なつながりを広げ、他の企画展や日常の調査、次の講師や参加者など、リピーターや事業に参加する市民を増やし、さらに博物館と市民のつながりを広げていきたい、という。
　閲覧やレファレンス、展示などで来館者の興味をひくことなどによって、資料と来館者の橋渡しが出来た時に、仕事のやりがいを感じる。経験と理論ともに学び、伸ばしていくべきことが多い、という。

大貫洋介さん。國學院大学文学部史学科卒。國學院大学大学院博士前期課程（文学研究科史学専攻）修了。2010年4月1日に着任した。これまでの主な担当は市民公募展「わが家のおひなさま」である。また、年間を通じて、寺子屋講座、収蔵資料の再整理、資料収蔵状況の改善、資料の貸し出し、自主研究グループ育成講座「みんなで調べよう、昭和の道具～博物館の裏側へようこそ～」と同講座をもとに結成された自主研究グループ「なつかしの道具探究会」の活動補助、隣接する春風館道場との連携などを担当する。元々当館で学芸員補助員や他の自治体施設で文化財調査員として資料整理に携わっていた経験から、資料の整理や活用に向けた業務に重点が置かれている。

　蓄積された資料を利用者に適切な形で発信してゆくためには、資料そのものだけでなく、付随する情報をいかに整理するかが大事である。まずは資料や資料情報に全ての学芸員がアクセスしやすい環境をつくることを心がけている。資料を整理することは、新たな活用の糸口を見出すことになり、博物館の将来的な持続性につながる。地道な作業ではあるが、今取り組まなければならない課題となっている。

　学芸員に着任してからまだ2年であることから、様々な課題に直面することも多いが、先輩学芸員や来館者からの助言が、問題の解決策や新たなアイディアにつながることもある。将来に向けて行うべき課題は多いが、前向きに新しいことにも挑戦していきたい。最近では寺子屋講座や自主研究グループ、市民公募展などを通じて様々な市民と触れ合う機会も多い。参加者から「来てよかった」「やってよかった」など言われることが、仕事のやりがいにつながっている。

　以上のように、学芸員の田尻さんと柏女さんは5年、佐藤さんは4年、大貫さんは2年の実務を経験してきた。専攻分野、適性、技能などに応じて仕事を分担している。ここからは、それぞれが歯車となって相互にうまくかみ合い機能している様子を理解することができる。やはり何と言っても、NPO運営になってからの博物館は大勢の市民が出入りするようになったし、電話による問

い合わせも実に多い。それに対応するだけでも労力がいるが、それは仕事のほんの一部である。各学芸員が語っているように、本務では多くのことを手掛けているが、仕事に対する満足度は高い方で、決して悪くはない。利用者の満足度を高めるには、まずはそこで働く人たちの満足度が高くなければならないと思う。

第 9 章　博物館を「評価」する

1. 入館者数が回復する

　当館の年間入館者数は、直営時代に約 1 万 1 千人であった（2006 年度）が、再出発した 2007 年度から回復した。その後も増え続けて 4 年目には約 3 万人となった。

　それまでで入館者数の最も多かったのは、1995 年度であった（27,687 人）。私が学芸員をしていた時期である。特別展が大好評で約 1 カ月の入館者数が 11,800 人となり、この展覧会の入館者だけでその年の 4 割以上を占めた。しかし、NPO が運営を開始してから 4 年目の 2010 年度にその時の入館者数を上回り、51 年間の博物館史上で最高の入館者に達した（28,583 人）。2010 年度は、3 月 11 日の東日本大震災により会期中の企画展を途中で中止して以後閉館にした。しかし、予定通り月末まで開館していればおそらく 3 万人を超えただろう。

　ここで、直営時代と NPO 運営になってからの開館日数に対する利用者数の状況を図 56 によって比べてみよう。直営時代は、1998 年度頃から長期低迷の傾向が始まるようになる。開館日数は年間 270 日以上、中には 300 日前後の年もあるが、入館者の減少傾向は止まらなくなっていた。当時は、年 1 回の特別展と企画展を行っていたが、次第に特別展のみになった。よって展覧会の準備のために臨時休館をせずに、開館日数は多くなった。展覧会数は減り、博物館は特別展の会期中以外の約 11 カ月は、ただのハコモノ化した施設を管理する状態になっていた。

ところが、2007年度からNPOが運営を開始し、施設の改修工事で臨時休館したことや、特別展のほかに企画展を3回開催するようにしたことから年間の開館日数は直営時代よりも減少することになった。年間の開館日数の目安を250日とすると、2008・2009年度には改修工事などもありやむをえず250日を下回ることになった。展覧会の準備のための臨時休館だけであれば問題はなかったが、改修工事のために、250日以上の開館日を確保することができなかった。このように、総じて、直営時代よりもNPOになってからの方が開館日数は少ないにも関わらず、総入館者は先述したように急上昇している。まさにV字回復となった。

　それでは、なぜ、このように入館者数が回復したのだろうか。

　最初の頃は、事業数が増えたことで、博物館が興味や関心をもたれ、来館者数が増えたのだと思われる。そこで満足感を得られなければ、翌年からは下降線を呈するのが普通だが、そうならずにさらに上昇している。それは利用者の満足度が裏打ちになっているからだと思われる。その理由は次の通りである。

　一つめは、ガイドの会が博物館を拠点にして活動をはじめたことである。ガ

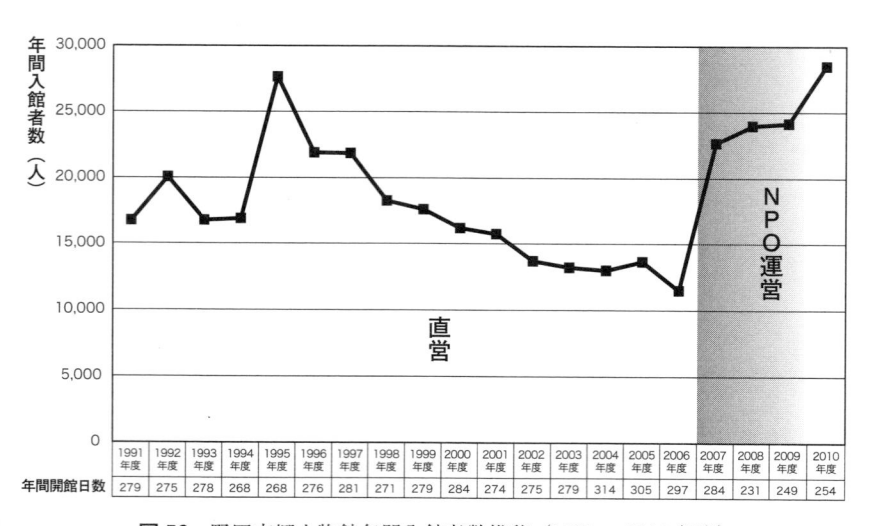

図56　野田市郷土物館年間入館者数推移（1991〜2010年度）

イドの会は、さまざまな人たちに町の散策をサポートする。博物館と市民会館をていねいに説明することで、来館者の高い満足度を得ているようだ。博物館とガイドの会の活動とがうまくマッチングしていることがわかる。

　二つめは、各事業に対して高い評価を受けていることである。表13-1・2は、各事業の内容と雰囲気についての満足度や期待充足度に対するアンケート調査の結果を示す。ここからは、展覧会、ミュージアム・コンサート、寺子屋講座などの全ての事業について、利用者が事業の内容とともに、会場の雰囲気にも満足していることが分かる。中でも、寺子屋講座は毎年、安定的に満足度の高いことがわかる。

　三つめは、職員や市民スタッフの対応に対する満足度が高くなっている。表13-3によれば、これは4回のモニタリング調査によるものだが、まずは76％の来館者がスタッフと何らかのコミュニケーションをとっていることが分かる。スタッフとは、学芸員や職員、展示室の受付のボランティアやガイドの会のメンバーである。また、市民コレクション展のような企画展では、出品した市民が自発的に来館し、来館者に解説する光景も見られるが、そのような交流も含んでいる。こうしてコミュニケーションをとったほとんどの人たちが、そのことに好感をもっている。学芸員は市民会館の貸し部屋の受け付け業務も担当しているが、その対応が良いことにも利用者は満足感を得ている。

2. なぜ博物館を評価するのか

　近年、博物館のなかには「評価」を導入するようになっているが、その意義や効果とは何だろうか。

　一つめは、博物館の目標の達成状況をみることで、洗い出された課題をあげて改善することができる。このことは職員自身に改善する意欲を与えることになる。現場では絶えず創意工夫することが求められる。職員が前向きになって改善すれば、さらなるアイディアが生まれて活性化するようになる。

　二つめは、外部への情報公開による他館への影響である。他館もそこから影

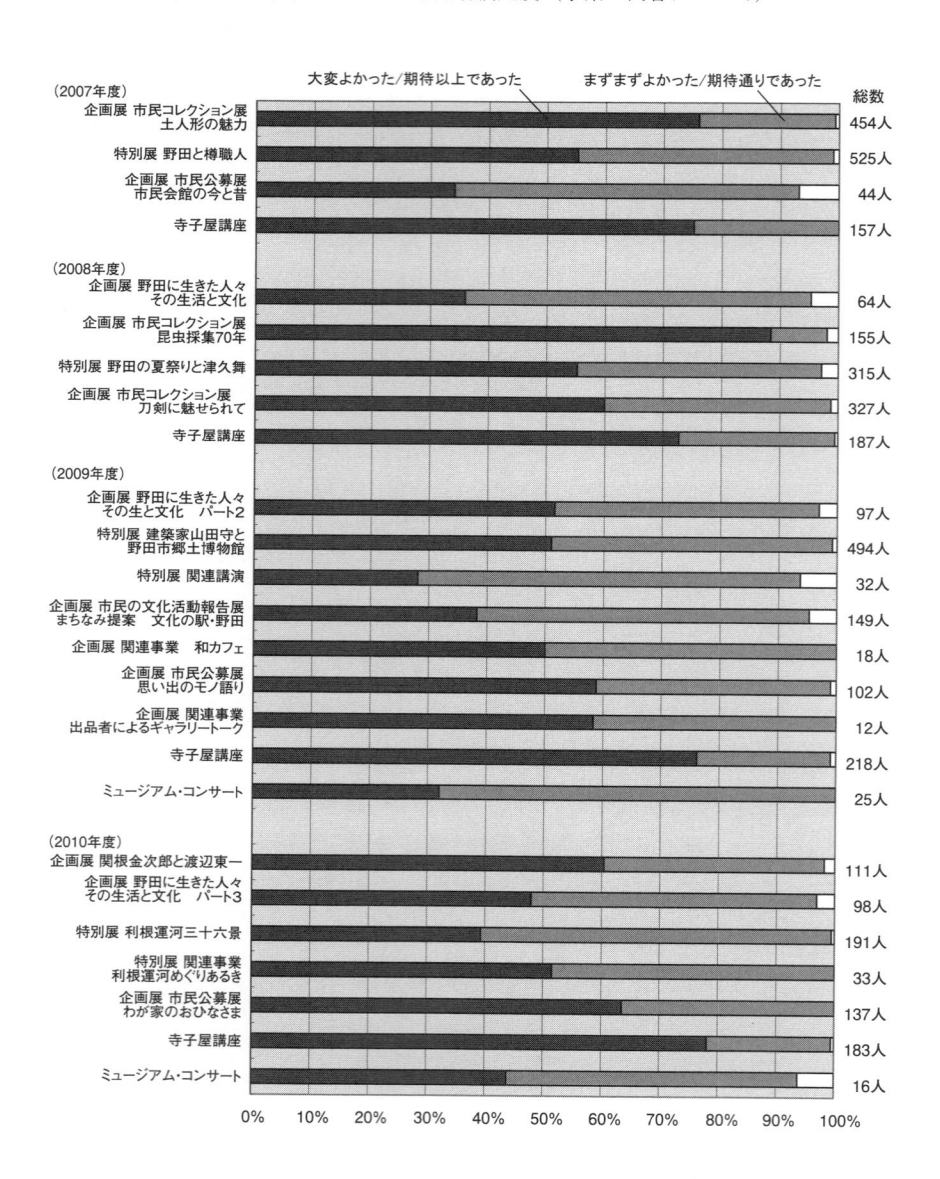

表 13-1 事業ごとにみる来館者満足度（事業の内容について）

凡例: 大変よかった／期待以上であった　まずまずよかった／期待通りであった

（2007年度）
- 企画展 市民コレクション展 土人形の魅力　454人
- 特別展 野田と樽職人　525人
- 企画展 市民公募展 市民会館の今と昔　44人
- 寺子屋講座　157人

（2008年度）
- 企画展 野田に生きた人々 その生活と文化　64人
- 企画展 市民コレクション展 昆虫採集70年　155人
- 特別展 野田の夏祭りと津久舞　315人
- 企画展 市民コレクション展 刀剣に魅せられて　327人
- 寺子屋講座　187人

（2009年度）
- 企画展 野田に生きた人々 その生と文化　パート2　97人
- 特別展 建築家山田守と野田市郷土博物館　494人
- 特別展 関連講演　32人
- 企画展 市民の文化活動報告展 まちなみ提案　文化の駅・野田　149人
- 企画展 関連事業　和カフェ　18人
- 企画展 市民公募展 思い出のモノ語り　102人
- 企画展 関連事業 出品者によるギャラリートーク　12人
- 寺子屋講座　218人
- ミュージアム・コンサート　25人

（2010年度）
- 企画展 関根金次郎と渡辺東一　111人
- 企画展 野田に生きた人々 その生活と文化　パート3　98人
- 特別展 利根運河三十六景　191人
- 特別展 関連事業 利根運河めぐりあるき　33人
- 企画展 市民公募展 わが家のおひなさま　137人
- 寺子屋講座　183人
- ミュージアム・コンサート　16人

表13-2 事業ごとにみる来館者満足度（会場の雰囲気について）

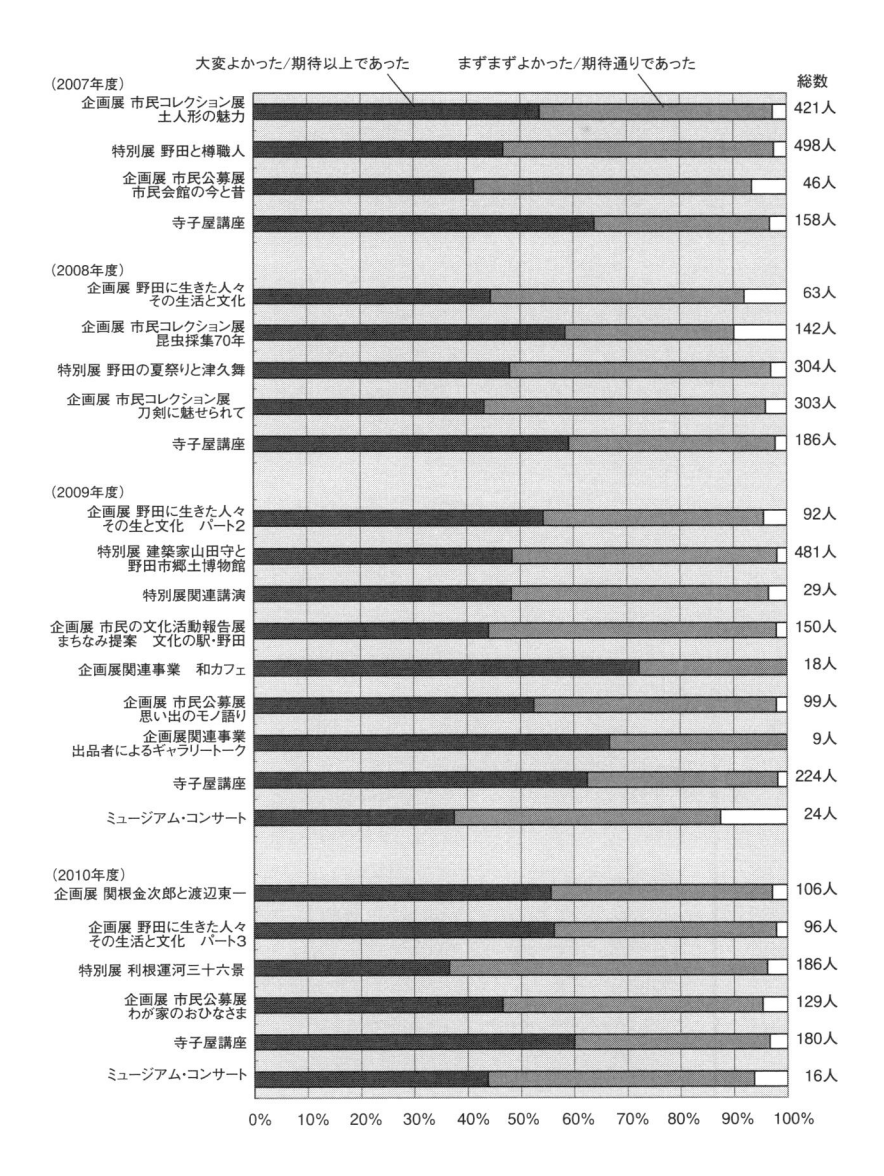

凡例: 大変よかった/期待以上であった ／ まずまずよかった/期待通りであった ／ 総数

（2007年度）
- 企画展 市民コレクション展 土人形の魅力 — 421人
- 特別展 野田と樽職人 — 498人
- 企画展 市民公募展 市民会館の今と昔 — 46人
- 寺子屋講座 — 158人

（2008年度）
- 企画展 野田に生きた人々 その生活と文化 — 63人
- 企画展 市民コレクション展 昆虫採集70年 — 142人
- 特別展 野田の夏祭りと津久舞 — 304人
- 企画展 市民コレクション展 刀剣に魅せられて — 303人
- 寺子屋講座 — 186人

（2009年度）
- 企画展 野田に生きた人々 その生と文化 パート2 — 92人
- 特別展 建築家山田守と野田市郷土博物館 — 481人
- 特別展関連講演 — 29人
- 企画展 市民の文化活動報告展 まちなみ提案 文化の駅・野田 — 150人
- 企画展関連事業 和カフェ — 18人
- 企画展 市民公募展 思い出のモノ語り — 99人
- 企画展関連事業 出品者によるギャラリートーク — 9人
- 寺子屋講座 — 224人
- ミュージアム・コンサート — 24人

（2010年度）
- 企画展 関根金次郎と渡辺東一 — 106人
- 企画展 野田に生きた人々 その生活と文化 パート3 — 96人
- 特別展 利根運河三十六景 — 186人
- 企画展 市民公募展 わが家のおひなさま — 129人
- 寺子屋講座 — 180人
- ミュージアム・コンサート — 16人

表 13-3　モニタリングによる満足度調査の結果（2011年度）

有効回答数		110人	
スタッフの対応を受けていない来館者		26	24%
職員・スタッフの対応を受けた来館者		84	76%
対応を受けた来館者のうち	①大変満足	68	81%
	②まずまず満足	15	18%
	③やや不満	1	1%
	④不満	0	0%

響をうけて評価を行うようになれば、相互に比較をすることで、公立博物館全体の質の底上げになる。

　三つめは、首長をはじめとする市役所と議会に博物館に対する理解をはかるツールになる。もし成果があがらなければ、市役所は他の指定管理者が相応しいと判断するだろうし、場合によっては直営に戻すことが適切だと判断することもありえる。また、評価の実行は予算額の適正さを判断する材料を与えることにもなる。予算が低くて無理があれば是正して必要な金額をつける。これまで大多数の指定管理者は、直営時代よりも一律的に数割を削減する、予算減らしを目的化してきたが、評価を行うことで予算の適正さをはかる根拠になる。

　四つめは、市民との意思疎通をはかることになる。評価のプロセス、評価結果、結果に対する解釈、行政からの反応など出せるものを全て公開する。市民に対する透明性をはかっていくことができる。すると市民からはそれに対する支持や協力を得ることができ、新たなニーズの開拓にもなる。

　このように博物館の評価は、博物館そのものを改善する手掛かりになるばかりでなく、本庁や議会からの見方を変えるし、公立博物館全体の質の向上につながる。さらに、これまで市民に閉ざされがちになってきた博物館が市民に開かれた存在になる。

　博物館の評価は、これまで静岡県立美術館や滋賀県立琵琶湖博物館などの大規模館で、先駆的な取り組みとして行われてきた。野田市郷土博物館のような小規模館で評価を試行することは、博物館の評価を「他人事」とみてきた他の中・小規模博物館にも刺激や影響を与えると思われる。

　とはいえ、最初から完成版の評価システムをつくることは難しい。野田市郷土博物館では、まず「やってみる」ことが大事だとの認識からスタートするこ

とにした。

3. まずは自己点検から始める

そもそも、なぜ自己点検をすることにしたのか。NPOが指定管理者として野田市郷土博物館（市民会館を含む）の管理運営を始めてから3年が経過した時点で、事業のみならず博物館活動全般において、それまで行ってきたことをチェックして改善をはかることにした。PDCAサイクルでいえば、チェックするための準備を始めることにしたわけである。

2010年7月に私と4人の学芸員で事業戦略会議ワーキングチームを立ち上げて検討作業を始めた。検討内容の途中経過は随時、その間に開かれた企画事業委員会や法人の理事会で報告してメンバーからも意見を聴取した。

項目や指標の作成は次の通りである。大項目は、三つのミッション（①〜③）（第2章4（1）を参照）に対応するようにして、それぞれについての具体的な目標となる中項目を設定した上で、さらに具体的な指標項目をあげた。項目や指標は、ワークショップ形式で書き出し作業をしてから、さらに時間をかけて推敲し組み立てた。表14は、NPOが博物館の運営を開始してからの4年の経年的な推移を項目ごとに示している。

(1) ミッション1：地域の文化資源を掘り起こし、活用する博物館

表14に示す、①＜博物館機能を充実させる＞が、これに対応する。

ここで特徴的なことは、資料の収集を継続的に行っていることである。この4年間に約4000点の資料を新たに収集している。1959年に開館してから50年余りになるが、1年間の収集点数を計算すると年間415点（平均）となる。すると、この4年間の収集率は、直営時代の博物館に比べると2倍以上にのぼる。その大部分は地元の人たちからの寄贈品である。NPOが運営するようになっても、人々から違和感をもたれることはなく、むしろこれまで以上に博物館が支援・協力を受けていることが分かる。

表14 野田市郷土博物館の評価指標項目

大項目	中項目	小項目		評価指標	2007年度	2008年度	2009年度	2010年度
活用する博物館 ミッション1 地域の文化資源を掘り起こし	①博物館機能を充実させる	資料の収集を行えているか	1	資料収蔵点数	16,673点	18,014点	19,750点	20,762点
			2	寄贈された資料件数	10件	96件	156件	84件
			3	寄託された資料件数	1件	13件	0件	4件
			4	購入した資料件数	18件/960,905円	11件/137,870円	7件/880,288円	26件/487,230円
		資料の保管状況は良好か。	5	収蔵庫、展示室ケース内の粘着トラップの点検回数	−	−	14回	15回
		学芸員は調査研究発表を行っているか	6	学芸員の講演・講座等の講師件数	2件	10件	11件	7件
			7	学芸員による館外調査の件数	−	−	63件	73件
		収蔵資料を公開しているか	8	館蔵資料閲覧の件数	−	−	11件	49件
			9	他機関への資料貸出件数	2件	4件	7件	7件
			10	他機関への写真貸出件数	9件	11件	14件	19件
ミッション2 人やコミュニティが集い交流する博物館	②利用者サービスを図る	開館日数は十分か	11	博物館開館日数	284日	231日	249日	254日
			12	市民会館開館日数	316日	312日	311日	265日
		施設の利用者数は保たれているか	13	博物館入館者数	22,642人	23,977人	24,168人	28,583人
			14	特別展・企画展の平均リピーター率	46.1%	47.9%	36.8%	44.0%
			15	市民会館の入館者数	4,844人 ※2,3月のみ	42,701人	43,741人	44,575人
			16	市民会館貸部屋稼働率	84.8%	91.3%	93.6%	97.0%
			17	市民会館の貸部屋利用団体数（市内）	603件	758件	804件	903件
			18	市民会館の貸部屋利用団体数（市外）	1件	13件	17件	28件
		来館者は利用に満足しているか。	19	特別展・企画展の平均満足度	90.2	89.1	86.5	87.3
			20	博物館の雰囲気、居心地に対する満足度	85.9	84.3	86	84.9
		ミュージアム・ショップは機能しているか	21	博物館刊行物の販売冊数	326冊	284冊	713冊	637冊
	③市民の交流の拠点にする	施設が市民の交流と連携の場（ハブ）の役目を果たしているか	22	交流事業の参加者総数	560人/6回	332人/3回	303人/3回	173人/2回
			23	小学校、中学校、高校、専門学校との連携件数	10件	16件	22件	27件
			24	大学との連携件数	3件	3件	7件	9件
			25	各種団体（農・商工・医療福祉）との連携件数	4件	6件	41件	44件
			26	市民団体との連携件数	4件	10件	17件	23件
			27	行政との連携件数	2件	3件	4件	11件
	④市民や市役所との意思疎通を図る	博物館は市民と意思疎通する機会を設けているか	28	特別展オープニングレセプションの参加者数	12人	50人	80人	45人
			29	市民ワークショップの回数	1回	0回	0回	0回
		行政は博物館・市民会館に関心を向けているか	30	市職員の来館回数	195回	76回	70回	107回
			31	市長、副市長、教育長の来館回数	12回	2回	6回	6回

第9章 博物館を「評価」する

大項目	中項目	小項目		評価指標	2007年度	2008年度	2009年度	2010年度
ミッション2	⑤博物館の活動を広める	情報を発信しているか	32	TVで博物館が取り上げられた件数	11件	9件	8件	8件
			33	雑誌で博物館が取り上げられた件数	1件	0件	0件	1件
			34	新聞で博物館が取り上げられた件数	11件	22件	14件	18件
			35	ロケ地としての利用回数	0回	1回	1回	3回
			36	ウェブサイトのアクセス件数	−	40522件	56828件	61531件
ミッション3 人びとの生き方や成長を支援して、キャリアデザインをはかる博物館	⑥市民のキャリアデザインに貢献する	市民が関心をもち、事業参加しているか	37	市民参加型企画展（年1〜2回）の平均入館者数	5404人	4909人	5969人	8510人
			38	寺子屋講座（年23〜24回）の平均参加者数	21人	16人	16人	16人
			39	キャリアデザイン事業（講座関係）（年7〜10回）の平均参加者数	9人	19人	13人	14人
		市民がキャリアのステップアップを図っているか	40	2007年度自主研究グループ育成講座修了者のうちグループ活動に参加した人の割合	100%	50%	0%	0%
			41	2007年度自主研究グループ「植物の会」の活動回数	3回	2回	0回	0回
			42	「植物の会」に新たに加わった人数	0人	0人	0人	0人
			43	2008年度自主研究グループ育成講座修了者のうちグループ活動に参加した人の割合		10.7%	0%	0%
			44	2008年度自主研究グループ「歴史散策会」の活動回数		0回	0回	0回
			45	「歴史散策会」に新たに加わった人数		0人	0人	0人
			46	2009年度自主研究グループ育成講座修了者のうちグループ活動に参加した人の割合			73.3%	60%
			47	2009年度自主研究グループ「野田古文書仲間」の活動回数			16回	22回
			48	「野田古文書仲間」に新たに加わった人数			2人	0人
			49	自主研究グループの活動実施回数合計	3回	2回	16回	22回
			50	博物館ボランティアの活動延べ人数			168人	348人

■該当する事業が開始されていない年　　−：データがない年

2009年度からは、展示室や収蔵庫には虫害予防のためにトラップを設置して定期的な監視を始めている。同年からは、収蔵しているコレクションを利用者が閲覧できるようにしたが、その利用者も増加している。学芸員の調査活動も、NPO運営になってからは、これまで以上に充実するようになった。

(2) ミッション2：人やコミュニティが集い交流する博物館

ここには、②＜利用者サービスを図る＞、③＜市民の交流の拠点にする＞、④＜市民や市役所との意思疎通を図る＞、⑤＜博物館の活動を広める＞が対応する。

まず、②＜利用者サービスを図る＞については、年間の開館日数は、2008・2009年度の両年は250日を下回っている。これは博物館の改修工事のために休館したためで、通常は250日以上を維持している。それでも博物館の入館者数は、図56にも示したように毎年増加している。特別展や企画展のリピータ率は、毎年30％後半から40％台を維持しており、定期的な利用者のいることが分かる。

市民会館は、博物館よりも年間の開館日数は多い。博物館は、企画展や特別展の準備のために一定期間を休館にするが、市民会館は定休日以外は開館しているからである。2010年度は開館日数が他の年よりも少ないが、これは改修工事と東日本大震災により休館にしたためである。市民会館の入館者数も、博物館と同じく毎年増加している。それと並行して部屋の稼働率も高くなっている。その理由の一つは、2009年度までは午前・午後・夜間という大まかな区切りで部屋を貸していたが、2010年度から利用者にとって使い勝手を良くするために1時間単位に改定したことによる。利用者の増加にともない、2008年度からは市内の人たちばかりでなく、市外の利用者も目立つようになってきている。直営時代は閑散としていた市民会館も、博物館と同じように賑わいの場となっていることがわかる。

利用者の満足度は先述したとおり、特別展や企画展の内容や雰囲気について安定して好感をもたれていることが数値化されている。

ミュージアムショップでは、特別展図録など、博物館の刊行物を主として販売している。直営時代には、スタッフの配置ができずに購入希望者に不便をかけていたが、NPO 運営になってからは市民会館の「市民つどいの間」で学芸員が販売の対応をしている。2009 年度以降は、展示室でボランティアが販売物の PR に協力をしていることから、刊行物の売り上げは年間 600 〜 700 冊台に上がっている。

　次に、③＜市民の交流の拠点にする＞は、図 10 にも示したように、さまざまなコミュニティに所属する人たちを＜文化＞によってつなげるハブの役割を博物館が担っていることを具体的に展開する項目である。NPO 運営になってから、多くのコミュニティが当初の予想を超えて交流するようになっている。例えば、観月会、ミュージアム・コンサートなどの交流事業は年間の実施回数にもよるが、1 回当たりの平均は 100 人ほどで推移している。各コミュニティとの連携も毎年増加している。2007 年度は、大学からのインターンシップ生の受け入れや共同調査を行っている。市内外の小学校の見学会や中学生の職場体験も受け入れている。市民サークルについては、先述したようにガイドの会との連携のほかに、山中直治を歌う会による山中直治コンサートなどを定期的に行っている。老人ホームとも連携して、生活道具のコレクションを収蔵庫から出して、老人ホームに入所している高齢者が昔の思い出を語り合う回想法も行った（第 7 章 3（1）（2）を参照）。さらに商店街連合会や社会福祉協議会の会長に寺子屋講座の講師役になっていただいたことも、この項目にあたる。

　2009 年度になると、さらに多くの商店と連携をするようになった。これは、市民の文化活動報告展「まちなみ提案　文化の駅・野田」の関連事業で「まちかど博物館」と称して、商店街の店先で自店の商売の歴史にちなむモノを公開することに協力してくれたことによる。協力店舗は、酒屋、和菓子屋、煎餅店、銀行、コンビニ、洋品店、家具店、漬物店など 33 店にのぼる。また、行政との連携は、市役所の学校教育課の新任職員研修で学芸員が講師を務めることや、教育研究会の研修などで協力している。寺子屋講師では消防署長が講師となり救命活動の説明や実演をした。近隣の公立博物館とも共同して、2010

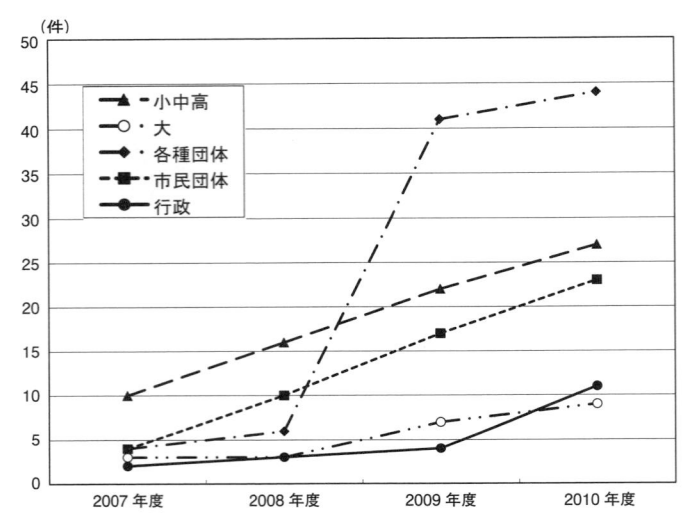

図57 さまざまなコミュニティとの連携件数（累積）の推移

年度に特別展「利根運河三十六景」を行っている。こうした連携関係は毎年増加している（図57）。

次に、④＜市民や市役所との意思疎通をはかる＞である。2007年度に「市民ワークショップ」を行い、参加者から博物館に対する期待や意見を出してもらったことがある（図58）。これまでミッションに基づいて事業をこなして成果を出すことに集中してきた。他方では、もしかしたら、市民の視点からすると見過ごしていることも多々あったのではないかと思うこともある。その辺りのことについて、市民から建設的な意見を出してもらう場を設定することが今後の課題である。

市役所との意思疎通については、直営から指定管理者に移行した最初の年であった2007年度に、業務上の引き継ぎ作業のために担当課の市職員らが頻繁に来館した。その後も継続的に職員が来館している。また、市長・教育長も、特別展のオープニングレセプションに出席するほかに、NPOが主催する観月会などにも来館するなど関心を寄せている。市のトップに日頃の活動状況を理解してもらうことが大切である。

⑤＜博物館の活動を広める＞は、外部への情報発信の様子を見る指標である。マスコミに対しては、市役所の定例記者会見等を通して情報を提供している。2008年度はミミズク形土偶のニックネーム募集の企画が、2010年度には将棋名人戦の開催が特に注目された。

図58 市民ワークショップの様子

また、2009年度には市民会館で大規模なTVコマーシャルの撮影があり、その後ロケ地としての利用が少し増えている。ウェブサイトのアクセス件数は着実に増加している。ウェブサイトは今後とも充実をはかり、多くの情報を発信することが大事である。

(3) ミッション3：人びとの生き方や成長を支援して、キャリアデザインをはかる博物館

これは、表14に示すように、⑥＜市民のキャリアデザインに貢献する＞が対応する。その具体的な目標の一つめは、「市民が関心をもち、事業参加しているか」になっている。市民参加型企画展の入館者は毎年増加しつつある。市民公募展についていえば、なるべく新たな応募者を獲得するためのPRをすることで、利用者の新規開拓をはかっている。結果として、多くの人たちに高い関心をもたせることになる。

寺子屋講座は、地道に継続することに意義がある（第7章2（1）を参照）。必ずしも参加者数を増やすことを目的とはしていない。参加者はほぼ同数で推移しているので問題はない。むしろ講師役となる市民を着実に増やしていることが評価されるべきである。同じことはキャリアデザイン連続講座（第7章2（2）を参照）についてもいえる。これまで「キャリアデザイン」という言葉を

聞いたことのない人たちに、あえてその名称を使いながら継続的に講座を行っている。まずは名称から入ってもらい、キャリアデザインの考え方を理解してもらうことはその後でも良いと思っている。これも当面は着実に続けて行くことに意義がある。そして、その人たちが普及役になることを期待する。

次の「市民がキャリアのステップアップを図っているか」では、主要な指標は自主研究グループの活動状況となっている。このグループについては、先述したように、博物館で講座を企画し実施して、その後に自主的な市民グループに成長することを目的にしている（第7章2（3）を参照）。これまでの様子は、表10に示すように四つの講座を開催した。しかし、「植物の会」は講座の1年後に自然消滅してしまった。「歴史散策会」も解消したが、講座修了者の中から3人がガイドの会に入会している。「野田古文書仲間」は、講座に参加した人たちのうち約7割が残り自主研究グループに参加した。また、講座の参加者以外にも新たに2名がグループに加わり、現在は11名が活動をしている。今後は、市民の文化活動報告展で、これまでに解読した古文書をもとにして調査研究の成果を公開することを予定している。

また、2009年度には博物館ボランティアの制度を立ち上げた。初年度は6人、翌年度にさらに4人追加して、2010年度には10人のメンバーが交代でほぼ毎日、博物館の受付を担当している（第7章2（4）を参照）。これはボランティアの人たち自身にとっての生きがいになるばかりでなく、来館者へのサービス向上にも寄与している。

以上は、アウトプットとしての博物館活動の全般的な自己点検である。利用者の視点というよりも、運営者からの見方が強く出ている。そこで、運営する立場からの課題としては、次のことがあげられる。

一つめは、資料購入のことである。予算上は100万円あるが、精算払いの仕組みとなっていることから、その年度に支払いをしなければ残金は手元に残らずに市役所に返金する。年度により残金の差はあるものの、館では予算を有効に活用してこなかった。もちろん、購入に値するものがないのに無理に購入することはないし、それでは税金の無駄づかいとなる。しかし、博物館に相応し

いコレクションを探すことは博物館の必要な仕事であるから疎かにしてはいけない。今後は、収集のためのネットワークづくりなどにより、タイミング良く地域にとって必要な資料を購入することに務めることがもとめられる。

　二つめは、市民との意思疎通がまだ十分に図られていないことである。ここでいう市民とは、館の運営について意見交換のできる人たちをさす。博物館の利用者は大勢いるが、それは事業の参加者や協力者などである。

　直営時代は、学校長、市会議員、学識経験者など10名ほどの委員からなる、博物館協議会という館長の諮問機関があった。しかし、それは博物館側から委員に事業計画や報告の説明が行われて、それに対して委員が発言するような形式的なものであった。しかし、その後に野田市が博物館に指定管理者制度を導入するために条例を改正したことにともない、こうした委員会を設置する義務はなくなった。

　NPOが運営するようになってから最初の年度には市民からの意見を聞くためのワークショップを行い、博物館に期待する意見を聴取した。しかし、それ以降は、特にそうした試みをせずにきている。現在、市民のキャリアデザインをはかるというコンセプトに基づいて進めてきた事業について、人びとからの率直な意見を聞くことができる時期になってきた。そろそろこのあたりで、市民との定期的な意見交換の場を設定して、そのニーズを把握することが必要であると思われる。

　三つめは、自主研究グループとの付き合い方である。これまで企画してきた講座によって立ち上げたグループのうち二つは、こちらの描いた方向に沿って活動している。これからは、グループと博物館とが、お互いにメリットを共有しながら、それぞれの立場をどのように生かし合っていくかが問われている。そのためには相互にコミュニケーションをとりながら、やれることと、そうでないことを両者が確認しあいながら、学芸員が市民のキャリアを支援することが求められる。

4. 市民のキャリアデザインを評価する

　博物館評価は、以上の自己点検のようなアウトプット評価とともに、実際の活動が果たして意味のあるものとなっているのかについて評価しなければならない。それをアウトカム評価という。そこで、野田市郷土博物館が再出発する上で主要なミッションとして位置づけられる「市民のキャリアデザインをはかる」ことに関する達成状況をみることにする。調査対象とした人たちは、当館の利用者である。また、それを野田市内の人たちと、市外の博物館の友の会の人たちと比較することにする。

(1) 博物館の利用者

　まず、野田市郷土博物館の「利用度の高い人たち」を調査対象にした。調査はアンケートの質問項目に記入する方式である。具体的な対象者は、ガイドの会（38人）、まちなみ研究会（11人）、自主研究グループのメンバー（17人）、博物館ボランティア（9人）、企画展の協力者等その他（4人）の計79人である。

　アンケートは、個人のキャリア形成に関する項目と、まちづくりに関係する項目のほかに、地域社会の一員感に関する意識と、2011年4月の統一地方選挙（県議会議員選挙）の投票行動も項目に加えた。これらについて、回答者には4段階に分け、選択形式で答えてもらった。4段階とは、(1) とてもそうである、(2) どちらかというとそうである、(3) どちらかというとそうではない、(4) そうではない、となる。図59～61に示すデータは、(1) に回答した人たちをカウントしたものである。また、⑬は、(1) はい、(2) いいえ、(3) わからない、のうちから、(1) のみをカウントした。具体的な設問は次の通りである。
＜自分の人生や生き方に関する質問項目＞
　① 自分を向上させ内面的に高めようとする意識をもっていますか。
　② 自分は何をしたいのか？何に興味関心があるのか、について考えることがありますか。

③ 何を大事にして生きたいのか、働きたいのか、といった、生き方についての目標は持っていますか。
④ 自分なりの目標を達成のために、何か具体的に行動や活動、学習活動を行っていますか。
⑤ 他の人との、仲間づくりをしていますか
⑥ 仲間以外の人たちや、世代の異なる人たちとの交流をしていますか。

＜地域活動に関する質問項目＞

⑦ ご自分の住む地域のために、自分ができることを生かして地域のためになることをしたいと思いますか。
⑧ 地域のために何か具体的な活動をしていますか。
⑨ 地域のためになることを実現するために、何か勉強をしたり、学ぶような活動を行っていますか。
⑩ ご自分や仲間との地域での具体的な活動の内容を、他の人に知ってもらうような取り組みをしていますか。
⑪ 地域のためになるような活動のために、他の人との交流や連携をしていますか。

＜地域の一員だという意識に関する質問＞

⑫ 自分は地域の一員だと感じることがありますか。

＜選挙行動に関する質問項目＞

⑬ 最近の選挙（県議会議員選挙 2011 年 4 月）で投票をしましたか。

その結果、図59に示すように、当館の「利用度の高い人たち」は、＜自分の人生や生き方＞に関する各項目が総じて高い。自分が何に「興味・関心」があるのか考えている人たちが70％近くおり、「生き方の目標」やそのための具体的な活動にも取り組んでいる人たちが60％近くにのぼる。また、＜地域活動＞に関しても高い意識をもっている。「地域貢献意識」は60％台で最も高く、それを裏打ちする活動、学習、交流も40％以上の人たちが取り組んでいる。自分を地域の一員という意識をもつ人たちは60％近い。投票率は非常に高く、大部分の人たちが選挙の投票行動をとっている。

(2) 市内の人たち

野田市内の人たちについても、同じ調査をした。調査は、私の大学のゼミ生たちが2011年11月に行った。調査地点は市内の4カ所（市複合施設のエントランスホール、商店街のバス停前、酒店の駐車場、郵便局前）である。対面式のアンケート調査を実施したところ、239人から回答が得られた。その結果は、図60に示すように、＜自分の人生や生き方＞は50％前後にあるが、＜地域活動＞は全体的にそれよりも低い。「地域貢献意識」は40％弱であるが、それを裏づけする学習や交流活動は20％前後となっている。また、地域社会の一員についての意識も低い傾向にある。

これが一般の市内の人たちの現状なのだろうか。調査地点の一つである市複合施設には、図書館、公民館、ホールなどが入っており、この地点でアンケートに応じてくれた人たち（150人）は、そうした施設の利用者であることから、一般の人たちよりもキャリア意識の高い人たちだと想定される。それでも博物館の「利用度の高い人たち」と比較してこうした傾向の違いが表れる。

それでは、年齢層の違いはどうだろうか。「利用度の高い人たち」の年齢層

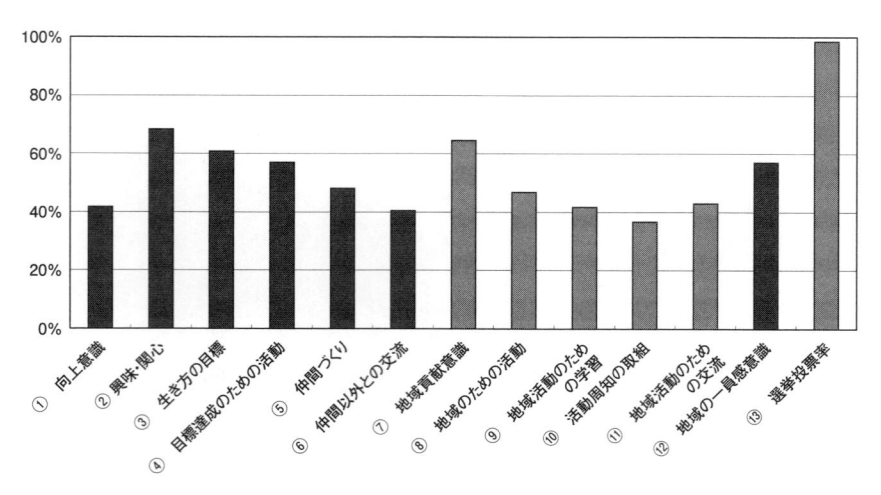

図59 野田市郷土博物館の「利用度の高い人たち」（79人）

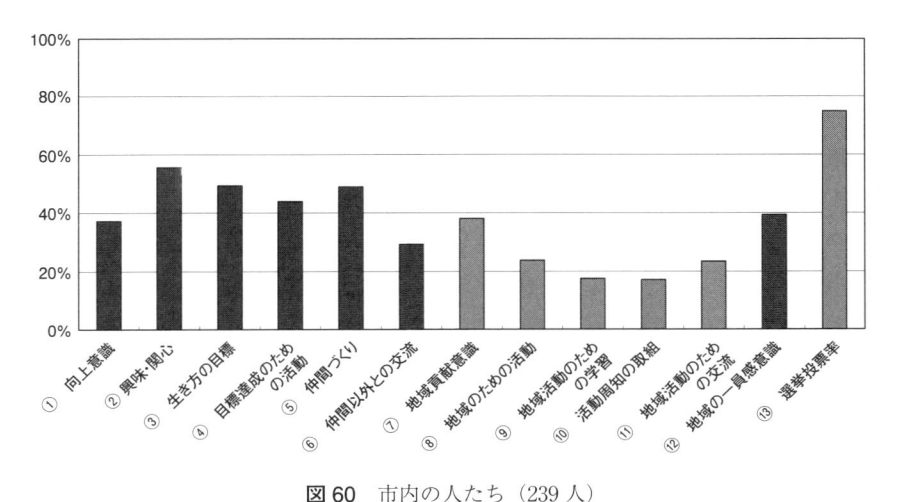

図60 市内の人たち（239人）

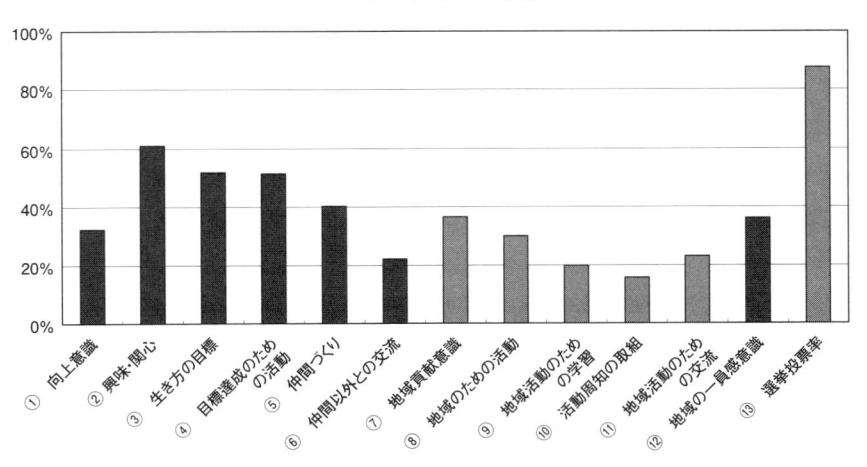

図61 県立博物館友の会の人たち（216人）

はほとんど50代以上である。しかし、市内の人たちは20代から80代まで年齢分布に幅がある。そこで、博物館利用者と同じ50代以上の年齢層を抽出してみたが、＜自分の人生や生き方＞の項目については若干高い傾向を示すものの、やはり＜地域活動＞などの項目の数値は低い値にとどまった。

(3) 県立博物館友の会の人たち

　もう一つの比較事例として、ある「県立博物館の友の会の人たち」も調査した。友の会の会員は2011年11月の調査時点で419名。そのうち216名からアンケートを回収した。回収率は52％である。アンケートは、会長から各会員に郵送していただき、各自から私に返送していただいた。その人たちの多くは、会の事業に積極的に参加し、意識も高い人たちだと思われる。

　この友の会は、県立博物館の応援者であるというスタンスをとっている。博物館主催の講演会や、学芸員の案内による史跡めぐりに参加して地域の歴史を学ぶことや、会員相互の親睦をはかっている。近年では、博物館で自主的なイベントを行っている。運営は友の会の会員自身により、全国的に見ても充実した活動を行っている会の一つである。その結果は、図61に示すように、野田市内の人たちと類似している。＜自分の人生や生き方＞に関する項目の方が、＜地域＞のそれよりも総じて高くなっている。＜地域の一員感＞は40％弱、＜選挙投票率＞は高く80％を超えている。

(4)「当館利用者」・「市内の人たち」・「県立博物館友の会」を比較する

　このアンケートにより、三者の中では、野田市郷土博物館の「利用度の高い人たち」が最もキャリア意識が高く、それにともなう活動をしている人たちが多いことが分かった。「市内の人たち」や「友の会の人たち」は、＜自分の人生や生き方＞に関する項目に対して＜地域活動＞に関する各項目の数値が低くなっている。それに対して、当館の「利用度の高い人たち」は、＜自分の人生や生き方＞と＜地域活動＞の各項目の間の数値に大差がないことは注目される。＜自分の人生や生き方＞を考えることと＜地域活動＞への意識のバランスがとれていることの結果として、＜地域の一員感＞も高まっている。さらに＜選挙投票率＞の高さにも影響を与えていると思われる。

　それでは、この調査結果をどのように説明することができるのだろうか。まず、そもそもキャリア意識の高い人たちが、さまざまな地域活動をする中で、野田市郷土博物館にも関わっているという見方ができるかもしれない。しかし

「友の会の人たち」の中にも多様な生き方をしてきた人や、知的好奇心の旺盛な人たちが多いと思われるので、各項目はもっと高い数値になるはずである。

　そのように考えてみると、この結果は、当館の利用によって、キャリア意識やまちづくりへの意識が高まったことを示しているのではないだろうか。当館の「利用度の高い人たち」は平均的に見て、毎月2回以上は博物館を利用している人たちである。博物館で主体的に自らの役割をこなし、博物館の事業にも参加する。人によって経験年数は異なるが、中にはNPO運営の開始当初から参加している人たちもいる。短い人でも1年は経験している。博物館が、こうした人たちのキャリア形成に影響を与えている。先述した自己点検の結果でも示したように、多様な事業が好影響を与えている可能性があると思われる。

(5) 博物館における交流を評価する

　また、市民がキャリア形成をはかるために必要な、他者としての多様な人たちとの交流のあり方についても調査をした。先述したように、当館は多様なコミュニティに属する人たち同士の出会いの場にするために、スタッフはそのための「つなぎ役」になるようにしている（第7章3を参照）。

　図62は、本章（4）で示したように、野田市郷土博物館の「利用度の高い人たち」と県立博物館の「友の会の人たち」を対象に、それぞれの人たちが博物館において、それまでの生涯で知り合うことのなかった異なるキャリアの人たちとの出会いがあったかどうかについて比較したものである。

　当館の「利用度の高い人たち」は60％ほどが、そうした出会いがあったというのに比べて、「友の会の人たち」は20％台と低くなっている。両者は、一般の利用者よりも、博物館の利用頻度が高い人たちという共通点がある。それにもかかわらず、なぜこのように明らかな違いがあるのだろうか。

　まずは、「友の会の人たち」についてみると、博物館の事業やイベントへの参加を通して、自らが地域の歴史や文化を学ぶ。また、事業参加の過程で友の会内部での親睦もはかられていることであろう。つまり、博物館との関係や、様々な人生や職業の経験をもつメンバー同士の付き合いを、20％台くらいの人

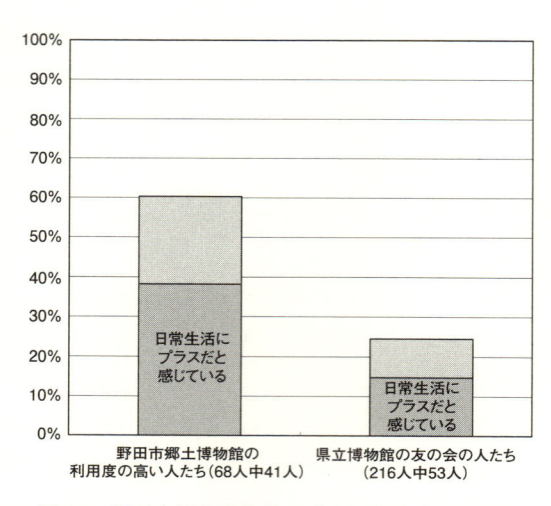

図62 野田市郷土博物館の「利用度の高い人たち」と県立博物館「友の会の人たち」にみる異業種・異分野交流の比較

たちが行っていると考えられる。

それに比べて、当館の「利用度の高い人たち」は、博物館側が多様な分野の人たちとの出会いをつくる事業を行っている。例えば、特別展、市民参加型企画展、寺子屋講座、ミュージアム・コンサート、観月会などである。また、ここで調査対象としたガイドの会、まちなみ研究会、博物館ボランティアの人たちは、博物館の事業に主体的に関わる経験をもっている。こうした個々の活動においても、博物館に来館する多様な人たちとの出会いが生まれる。さらに、グループごとに親しい交流関係もある。つまり、60％という高い数値の背景には、特色ある事業展開に加えて、グループごとに不特定多数の人たちとの交流の回路を確保しているからではないかと思われる。

さらに、60％のうち過半数の人たちが、当館で出会った異業種や異分野の人たちとの出会いが「日常生活にプラスだと感じている」と感じている。その具体的なことを聞き取りしたところ、新しい人たちとの出会いによって、思いもよらない考え方や、未知の文化に触れ、モノの見方が深まった、世界が広がった、という感想が多い。また、さまざまな人とのコミュニケーションの経験によって、苦手だった会話に積極的に取り組もうとするようになったという意見もあった。いずれもそれに楽しみを見出し、生きがいになっていると捉えており、各自の生き方に良い影響を与えていることが分かる。

第10章 「政策連携」による成果と展望

1.「政策連携」の背景と経緯

これまでのことを振り返ってみると、慶應義塾大学の上山信一氏が提唱する「政策連携」に近いことをやってきたと思う。それは、社会問題を解決するための一つの方法論である。これからの社会問題は政治や行政が中心になって解決することが困難であるという認識のもとに、当事者たちが政府（中央政府や自治体）をはじめ、専門家やNPOや企業などと連携してイノベーティブに解くものだという。それを「政策連携」と呼ぶ。まずは当事者が具体的な課題を出して、その解決をはかるために行政機関をはじめ関係機関や関係者と共同作業をする。上山氏が強調するのは、実践形態は一見すると「官民連合」や「行政とNPOの協働」に類似するが、それとは生成過程が違うという点である。当事者たちが実際に物事を動かして社会実験を積み重ねていき、それを政府が後から追いかけて自らの政策にしていく点が大きく異なっているからである。上山氏は、実際に米国での具体的な事例を基にして、日本で応用することを提唱している。

そもそも、かつての野田市郷土博物館は機能不全の状態に陥っていた。入館者数の低下に歯止めがかからない状態が続き、事業の縮小化や、話題性のなさなども顕著になった。私たちは、なんとかして「博物館を再生させたい」と考え、2004年4月に10名ほどの市民や学生で検討会を発足して意見交換を始めた。その時点から、将来的には指定管理者として市民が博物館を運営することがありうると思っていた。

法政大学に移籍した私は、大学で日本キャリアデザイン学会を設立する際に野田市長の根本崇氏に理事になっていただいた。学会の役員会で自治体の専門家を理事に迎えたいという強い意向によるものであった。市長には学会を野田市と共催により地元で開催することの快諾を得て、2005年6月に日本キャリアデザイン学会の中間大会を野田市で行った。同時に、博物館の問題についてはキャリアデザインの考え方を踏まえて再生させることを提言した。その結果、市長は「市民のキャリアデザイン」の必要性を認めて、それを野田市の政策に位置づけた。そこで、行政は博物館をそのための施設として見直すことにし、これまでの職員ではそれを実現することができないことから、指定管理者として、NPO法人野田文化広場が館を運営することになった。

　こうして市民が当事者として地域の課題を出し、その解決のために市長が政策として位置づけて施設や財政的な裏打ちをしたのである。さらに地元の企業や団体による支援もあり、NPOは博物館の運営と、地域の課題の解決に取り組むことになった。

　そこで、上山氏の用意したチェックリストを基にして、これまでの活動を評価してみたい。

2. 地域問題の本質を見極める

　評価するにあたり、まずは、＜地域問題の本質を見極める＞ことになる。そもそもなぜ、活動を始めたのかを振り返りながら、その経緯を確認すると次のようになる。表15のチェックリストの項目①～②にあたる。

　①は、「そもそもどのような地域問題があったか」である。まず、公立の文化施設である博物館が機能不全の状態になっていたことである。博物館のミッションは無きに等しい状況のまま、前例踏襲型で運営してきたことが、そもそもの問題となっていた。その結果、利用者は減少した。博物館は人の気配を感じない閑散とした場所となった。そのような施設に税金を投じる意味があるのだろうかと、地元の人たちからクレームも聞かれるようになった。こうして公

表15 「政策連携」を評価するチェックリスト（上山信一 2002 を一部追加する）

地域問題の本質を見極める	①そもそもどのような地域問題があったか？ ②それに対して専門家、NPO、行政、企業、市民団体などは、これまでにどのように対処してきたのか？
現状分析	①現在はどのような連携をしているのか？ ②地域社会にどんな価値をもたらしているのか？ ③行政と市民の側はそれぞれ何を得たのだろうか？ ④どこがイノベーティブか？ ⑤参加者のリスクを避ける方策はできているか？
持続可能性のチェック	①ITなどの支援インフラが積極的に活用されているか？ ②閉鎖的だとして、一部の団体や個人から不信感をもたれていないか？ ③地域の人たちに対する公平性や透明性が損なわれていないか？ ④職員の満足は得られているか？

立施設としての利用価値が低下したという問題がある。

　また、全国のどの地域でも問題になっていることだろうが、右肩上がりの高度経済成長社会から低成長社会として持続可能な社会という考え方にシフトしながらも、住民は相変わらず行政依存の体質から脱することができていないという問題がある。これまでの生き方を見直すとともに、地域社会での自分の居場所を見つけて、地域の一員として、できることをするにはどうすればよいかが問われている。

　地元の博物館に元気がなくなると、そこの歴史や文化の価値が低下することも問題である。博物館は地域の文化資源を掘り起こして、地域の人たちや全国にも発信する機能をもつ。かつて、私が当館で行った童謡作曲家の山中直治についての展覧会は、彼の童謡を復活させる市民運動に成長した（金山 1999）。市内の和菓子屋が「直治饅頭」を商品化したことも評判になった。そのような魅力がなくなると、地域が沈滞化するようになる。

　景観・環境の価値も低下している。これも全国各地で同じことがいえるが、中心市街地の商店街がシャッター通りになっている。中には廃屋がそのまま放置されているところもある。まちの景観が損なわれていく。博物館はそのような商店街からほど近い。博物館と市民会館を取り囲む、ベンガラ色の外壁は塗装が剥げ落ちてみすぼらしくなっている。野田に訪れる人たちに見せるには

みっともないし、地元の人たちにもうらぶれた暗い印象を与える。

②は、「それに対して専門家、NPO、行政、企業、市民団体などは、これまでにどのように対処してきたのか」である。私は先述したように、最初に検討会を発足させて数人のメンバーと話し合いを始めた。その後に、正会員30名、学生会員12名、団体賛助会員28団体、個人賛助会員10名の賛同者を得ることができて、NPO法人野田文化広場を設立した。

ほぼ同時期に、日本キャリアデザイン学会中間大会を野田市で開催したことによって、市長をはじめとする市役所職員、市議会が「市民のキャリアデザイン」という考え方を受け入れた。野田市は、こうして「市民のキャリアデザイン」を政策に位置づけた。

市役所は、博物館とともに隣接する市民会館の見直しをして、指定管理者制度を導入してNPO法人野田文化広場に両者の一体的な管理運営を委任した。当NPOは、「市民のキャリアデザイン」による「まちづくり」に取り組んでおり、博物館の再生に意欲をもっていた。野田文化広場は、その活動を理解した市内の企業や団体（地元の建設会社、印刷会社、小売業者、福祉関係の団体等）から賛助会員として協力・支援を得てきた。また、博物館の運営については、市民の「ガイドの会」と連携をして、ガイド事業を新たに加えた。市民会館の一室をガイドの会のメンバーが常駐できる拠点にすることで、賑わいの場となるようにした。

3. 現状の評価と分析

表15のチェックリストの＜現状分析＞の項目①〜⑤にあたる。

①は、「現在はどのような連携をしているのか」である。当NPOは指定管理者を更新する（2012年度以降）準備をして、市役所との連携関係を維持している。また、これとは別に随時、市役所職員と地域の課題についての検討会を行っている。

市民団体との連携については、まずガイドの会との関係は毎月定例の会議を

やることで強固なものとなっている。また同じく、「まちなみ研究会」と展覧会を開催したことを契機にして日常的な情報交換などの連携がとれるようになった。また、博物館が立ち上げた、博物館ボランティアは10人ほどのメンバーが受付や館内の案内を担当している。やはり、自主研究グループの「野田古文書仲間」や、「なつかしの道具探求会」は博物館資料の整理や調査をしている。

当NPOは地元の商工会議所や商工業者とも事業の連携をしてきた。農業関係者、商工業団体、医療福祉系団体との連携は年間2〜4件、NPOまたはそれに類する活動を行う市民団体とは年間4〜10件、芸道団体とは年間1〜4件程度の実績がある。

専門家との連携については、法政大学キャリアデザイン学部の教員や、プロのキャリアカウンセラーによる研修を職員が受けている。また大学との連携では、法政大学キャリアセンターからインターンシップ生を受け入れている。学生が博物館で活動することは、シニア世代の利用者にとっても異世代交流の機会になっている。

②は、これまでの活動は「地域社会にどんな価値をもたらしているのだろうか」である。まずは「市民のキャリアデザイン」についてはどうだろうか。まずは形から入ることが大事だとするならば、これまで聞いたこともなかった「市民のキャリアデザイン」という言葉に対する抵抗は少なくなってきているようだ。最初は、当館を「市民のキャリアデザインの拠点」にするといっても、地元の人たちには馴染みがないことのように受け取られていた。しかし、当館が再生する過程を具体的に経験することにより、何となくキャリアデザインの必要性が理解できるようになってきており、その意味を自分なりに自問自答するように考えようとしている。何事も、理屈から入るよりも行動や実践から入ることの方が理解しやすいものだ。

「市民のキャリアデザイン」を支援する活動は、これまでの博物館のように入館者数のように定量的な評価するものとは異なる。一人一人と向きあいながら地道に取り組む作業である。したがって、これまでの約5年の間に学芸員は

100人ほどの人たちとこうした交流をはかってきた。自分の生き方を自覚することや、地域社会の一員として自分には何ができるのか、またそのため必要な学習をすることや、他者との交流をする人たちが、一人でも増えることをめざしている。

　そのほかにも、地域にどのような価値がもたらされたのだろうか。当初から問題になっていた利用者の減少状態は、その後にＶ字回復をしている。歴史・文化的価値については、従来のように年1回の特別展だけでなく、そのほかに企画展を年3回行っているので、歴史・文化的価値を回復することに貢献している。博物館2階の常設展示は、開館してから、ほとんど手を入れずに50年近くも経っていたが、2010年度に全面的にリニューアルした。それまで、当館は「醬油造り」をテーマとした関連資料を展示する「全国でも珍しい醬油博物館」と呼ばれていた。それを野田の近・現代に関連する資料を追加して、まちの成り立ちや変遷を理解できるように変更した。あわせて建物の改修や外装工事を行うことで景観・環境も以前よりも良くなっている。

　こうして歴史・文化的な価値や景観・環境的な価値が高まった。そのおかげもあり、2010年5月には将棋の名人戦の会場となり、羽生善治名人と三浦弘行八段との対局が行われた。その背景には、2003年に野田市と合併した旧関宿町が関根金次郎十三世名人の出身地だということがある。市民会館は対局場となり、博物館はNHKによるテレビ中継の会場になった。それに合わせて、企画展「関根金次郎と渡辺東一〜将棋界を支えた二棋士の生涯〜」を同時開催した。これによって野田は、一躍将棋界をはじめ全国の将棋ファンからも注目を集めることになった。「将棋」という、新たな価値を創出することになった。

　③は、そのことによって、「行政と市民の側はそれぞれ何を得たのだろうか」である。

　行政としては、新しい政策によって公立博物館を再生させたことが業績となり注目されるようになった。例えば、県立高知女子大学の松本茂章氏（現静岡文化芸術大学）は、自治体関係の雑誌において、野田市が公立博物館に指定管理者制度を導入してNPOが運営したことで成果を上げていることを評価して

いる（松本 2011）。

　また、公共施設の管理・運営に対する経営効率が向上した（第11章を参照）。指定管理者制度の導入はマイナスイメージがあるが、ここに関しては成功している。他の直営の博物館と比べてみれば分かるとおりである。それは行政改革にもなった。そのうえ、住民サービスは格段に向上して、博物館に対する利用者の満足度は高まるようになった。

　そのほか、NPOのメンバーや、博物館運営に関係する市民にとって、博物館改革はやろうと思えばやれることが分かった。市民が行政と連携すれば、それなりのことができるという自信につながった。それと同時に、市民が公共施設を運営することで、自らが市民としての新しい役割と責任感をもつようになった。市民会館は、元々醤油醸造家の茂木佐平治氏の邸宅であった。茂木氏には整備工事によって清潔で綺麗になった建物が市民の賑わいの場として活用されている様子を見て喜ばれている。家は人に活用されて生き返る。つまり行政と市民の両者はウィン・ウィン（win-win）の関係になっている。

　④は、「どこがイノベーティブなのか」である。イノベーションとは、これまでの枠組みでは解けなかった問題を、新たな枠組みを用いて解決することをいう。今回のケースでは、まずは公立博物館に指定管理者制度を導入して、それを地元のNPOが運営するようになったことである。それによって市民による市民のための博物館に転換することができた。市民が「公共」の担い手となることは、地域の民主主義の普及役になることを意味する。

　また、市民が行政と連携して、地域の課題となっていた公立博物館の再生に具体的に取り組んだこともあげられる。直営時代は職員にとって「役所の博物館」という存在であったものから、NPO運営になったことで「市民の博物館」に転換することができたといえる。これは、私の学芸員時代の経験も踏まえると、施設は役所のもの、コレクションは博物館が所有するという意識があった。学芸員として、地域の文化資源に着目して調査研究し、その成果を特別展によって人びとに公開する。どちらかというと上からの目線になっていた。それに対して、現在のようにNPO運営になると、施設やコレクションは市民の

財産であり、それを市役所から任されている。それらを地域のために少しでも有効に活用をはかろうという意識に変化した。市民との関係性についても、対等で良きパートナーという見方となった。

⑤は、「参加者のリスクを避ける方策はできているか」である。イノベーションにともなうリスクをどのように考慮して回避することができているのか。まずは、直営方式のように学芸員が公務員の場合には、雇用の継続性が保たれるが、指定管理者の学芸員は有期雇用である。どうしても雇用形態が不安定となる。この方策は、後述する（第11章4を参照）ことになるが、参加者のリスクを避けるために、行政は指定管理者制度をうまく運用することが必要になる。一定の成果が上がれば、それに対してベースアップを保障することや、指定管理者自身が収益を上げる仕組みづくりをすることなどである。

専門職の人材育成も一つの方策である。学芸員が熟練するためには現場経験を積むことが必要である。最低でも5年の実務経験は必要である。5年やると、ある程度のことは見えるようになる。そこからが学芸員としての本番スタートになるのだが、指定管理者の契約期間が5年で、もし契約の更新がなければ解雇されることになる。一定の成果があがっていることや、誰の目からみても不都合がなければ、契約は更新されるべきである。

また、住民サービスの向上を意図するあまり、イベント事業が優先されてしまい、博物館の基礎的な機能がおろそかにされることが危惧される。顧客満足や入館者増加のみを目先の目標にすることなく、博物館の前提条件であるコレクションの収集や保存・管理などのドキュメンテーション、調査研究などとのバランスをとることが大切である。

4. 持続可能性のチェック

これは上記の項目のチェック作業を終えてから見直す項目である。表15のチェックリスト＜持続可能性のチェック＞の項目①〜④にあたる。

①は、「ITなどの支援インフラが積極的に活用されているか」である。これ

まではウェブサイトで、野田文化広場の自己紹介や博物館運営に対する基本的な考え方を示した上で、行事の案内や報告をしてきた。またデジタルミュージアムとして、直営時代に常設展示していたコレクションを中心にして、ウェブサイト上で公開している。また、メーリングリストによって、館務日誌や各学芸員の業務報告を理事会メンバーに通知することで、両者の風通しを良くするようにはかっている。今後は、博物館評価に関する情報公開を積極的に進めていく。

また、ITをうまく活用することができるようになると、市民とのコミュニケーションを促進することができる。これまでの直営時代では、博物館協議会が市民の代理役となり、博物館の年間計画や報告を受けて意見をしていた。現在でも多くの公立博物館はそうである。当館は、NPOの理事会や総会が意見や提案をする役割を担っている。しかし、当館では、市民と直接にコミュニケーションをはかることが課題となっている。これからの博物館と市民との意思疎通のあり方は、図63のように、ホームページ上で情報公開したものに対して、市民はメールで直接意見を寄せるなどもあり得るだろう。それによって博物館と市民の風通しは飛躍的に良くなる。また、（仮称）市民会議を発足させて、市民が博物館を評価することや、改善のための意見を出すなどの自由闊達な場をつくることも一案である。

②は、活動が「閉鎖的だとして、一部の団体や個人から不信感をもたれていないか」である。確かに、最初は一部の人たちから不信感をもたれたことがある。これまで直営で運営してきた博物館がNPO運営に代わったことにより、初年度の5月頃に、それ以前の市の学芸員がいなくなってしまい、資料の管理などは大丈夫なのかという

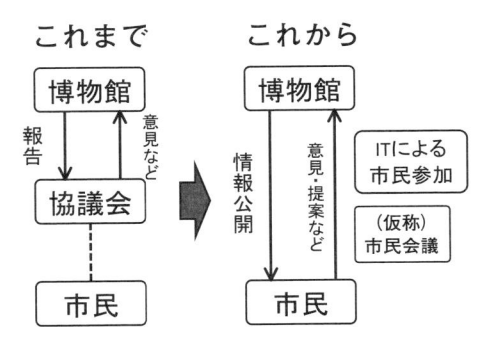

図63 博物館と市民が意思疎通をはかるこれからの関係性

意見が資料を寄贈したという人から寄せられたことがあった。しかし、1年余りすると、そうした不信感は払拭された。この変化は如実で、博物館が明るくなった、きれいになったなど、意外と単純なことからもたらされた。現在は、「ここはひらかれた博物館だと感じる」という意見が利用頻度の高い市民から寄せられるようになった。また、市民会館の貸し部屋を利用する人たちからは、日常的に「使わせてもらいます。ありがとう」の声が寄せられるほど感謝をされている。

　しかし、こうしたプラスの評価に安住してはいられない。今後とも気をつけることとしては、博物館が特定の団体とばかり付き合いを続け、不透明な運営に陥らないようにすることである。これを避けるためには、事業の中で意識的に新しい人的ネットワークを構築することや、他の市民団体との連携の範囲を広げることが不可欠である。

　また、より多くの味方をつくることも大事である。アンケートなどで利用者から意見を集めた場合には、それらに誠意をもって対応していくことが大切である。また、情報公開をして人びとに説明責任を果たすことである。情報化社会の進展により、ITを応用するサービス等への要求は一段と高くなっており、当館もそれに遅れずについていく必要がある。

　③は、「地域の人たちに対する公平性や透明性が損なわれていないか」である。公平性については、博物館は無料で開放していることが対応する。また、この4年間の活動についての自己点検の結果を博物館が発行する年報・紀要や、ウェブサイトでも公開することにより透明性をはかっている。市民の税金を具体的にどのような活動に使用して、どのような成果をあげたのかについては、できるだけ公開している。こうして人びとのコミュニケーションをはかり、信頼関係を構築していく。実際、それほどたくさんの人たちが見るわけではないかもしれないが、公開すること自体に意味があるのだ。それは、「博物館を運営する者」としての責任と義務である。

　④は、これまでに「職員の満足は得られているか」である。当館の職員の仕事に対するやりがい感や満足度は高い。しかし、他の公立博物館の指定管理者

についてもいえることだが、市役所が直営で運営する職員（公務員）の給与に比べれば正規職員の平均的な賃金は約半分と低く、雇用期間も限定的という問題がある。多くの仕事をこなして、成果も上がっているにもかかわらず、現状の制度は正当に処遇される仕組みになっていない。これは職員にとって、しばしば不満の要因となっている。

　その欠点を補うために、当面は次のことを心がける。まずは職員がミッションに共感して仕事にやりがいを感じることが重要である。NPOの理事会や職場で、そのことを確認し合いながら進めていく。また、組織内でのコミュニケーションを円滑にはかることである。理事会との風通しをよくすることや、現場の館長をはじめとする学芸員や事務職員との意思疎通を日常的にはかることである。

　仕事が、個人のキャリアの向上につながることにも配慮する。学芸員には展覧会や研究紀要に論文を書くことで業績になる機会を提供する。キャリア・アップのために、従来の学芸業務の研修に加えて、キャリア支援に関する知識や技能を習得する機会をつくる。それによって幅広く柔軟な思考をもつ学芸員を育成して、本人が成長を実感できるように配慮する。

　学芸員の仕事は適材適所をはかる。そうかといって、ずっと同じ業務のままでは仕事の幅が限られるし、そのことは人材育成にはマイナスになる。本人の希望やタイミングをみながら判断する。直営博物館では、博物館から事務職勤務への異動もあり得るが、ここではそれが無いので専従できることは利点ともいえる。

　そして、何よりも人に喜ばれる仕事をして感謝されることは励みになる。地域での人脈が広がり、自分の手掛けた仕事を評価されると嬉しいものである。人びとに博物館の成果を公開することを通じて、職員のやる気や誇りを高める。またNPOとしては、奨励賞のように業績をあげた職員の表彰制度をつくることも大切である。

　以上のチェックによって、これまでの活動を客観的に評価することができたといえる。特に日常的な部分は、つい近視眼的になり見過ごされがちである。

このように整理することによって、第三者にも当 NPO が公立博物館を運営することの社会的な役割や意義を理解してもらうことができる。

5. さまざまな公共施設の役割を見直す

　当館の改革は、行政にとって他の公共施設の運営にも活用することができる。直営や指定管理者が運営する施設として、図書館、公民館、劇場ホール、保育園、幼稚園、老人ホーム等のように、行政が所管する公共施設は様々である。これまで毎年配分された予算を執行することが目的化しているとすれば、その運営はマンネリ化したものといえる。

　公共施設を有効に活用するためには、まずは当事者が変化する社会ニーズを的確に把握することである。仮に、現状の施設のあり方が社会ニーズにあわないものだとしたら、それに適したものへと変えていくことである。当館の事例のように市民から提案してもよい。その場合には行政と協議して、公共施設としてのあり方を見直すことになる。あるいは、現状のままの運営を継続するにしても、ミッションを再確認することや、本庁との意思疎通をはかり、事業の評価とその公開を行うことなどが求められる。

第11章　他の公立博物館と経営効率を比較する

1. 経営効率5倍の実現

　これからの公共施設には、住民サービスの向上はもちろん、コスト削減の工夫が求められる。この手段として、多くの自治体が指定管理者制度を導入している。しかし、その多くはまずコスト削減が先に立ち、次いで住民サービスの向上もめざすという構図になっている。予算総額が数億円もある館なら、そこから出発してもよいかもしれない。しかし、数千万円程度の少ない予算規模で、はじめからコスト削減を掲げていては住民サービスの点では立ち行かなくなってしまう。

　野田市の場合、元々少ない予算規模でやっていたことを市役所や市議会が理解した上で、指定管理者に移行した。野田市郷土博物館のミッションの見直しをはかり、それを実現するために地元のNPOが運営する形態に変更した。合わせて隣接する市民会館を一体的に管理運営し、直営時代の予算額をほぼ維持したままで、NPOが運営に取り組むことになった。

　その結果、図64に示すように、直営時代（2006年）、年間の総予算（約4100万円）から利用者1人当たりの経費を計算すると3,528円であった。ところが、NPO運営となった4年後（2010年）には博物館と市民会館を併せた＜利用者1人あたりの経費＞は、669円に縮減した。すなわち、＜利用者1人当たりの経費＞について約5倍の効率化がはかられたことになる。この効率化を押し進めた要因は、両方の施設とも、直営時代よりも利用者数が増加したことによる。

もう一つの計算法によると、直営時代の博物館に市民会館を併せた総経費は約4700万円、それから両者の利用者数を約16,500人（博物館11,497人、市民会館5,000人）とすると、両施設に対する＜利用者1人あたりの経費＞は2,855円になる。なお、当時の市民会館の利用者数についてのデータはないが、利用者は貸し部屋の利用者に限定されており、その利用率も低かったことから、ここでは年間の利用者を5,000人と想定する。すると、直営時代の2,855円から、4年後には669円に縮減したことになる。これは約4倍の効率化がはかられたことになる。

2. 直営の公立博物館とNPO運営の公立博物館

そこで、以下では直営で運営している千葉県内の近隣の公立博物館と、現在の野田市郷土博物館と同じようにNPOが指定管理者として運営する公立施設を、経営効率の観点から比較してみる。そうすることで当館の改革の度合いをさらに検証できる。また、直営方式の公立博物館の特徴と、NPOが運営する公立博物館との実態の違いも浮きぼりになると考える。

(1) 五つの公立館の概要

まず、比較対象とする五つの直営方式の公立博物館の各館の概要と特徴を述べることにする。なお、職員数には正規職員数に加えて、定年退職後の再任用職員を0.5人としてカウントしている。その根拠は、退職後でも年間に300万円台の賃金を受給しており、正規職員の人件費の約半額になるからである。

①鎌ヶ谷市郷土資料館（2010年度：職員3.5人）

同館は、1987年に旧銀行支店の建物を改修して開館した。地元の考古・歴史・民俗・自然資料をコレクションしている。「常設展示ガイドボランティア」や「図書ボランティア」、「イベントボランティア」を導入している。また、市内をガイドする「文化財ボランティア」がおり、市指定文化財の鎌ヶ谷大仏や国史跡の下総小金中野牧跡などを案内している。

②八千代市立郷土博物館（2008 年度：職員 5 人）

　同館は、1993 年に八千代市歴史民俗資料館として開館し、2000 年に八千代市立郷土博物館と改称した。「新川流域の自然と人々とのかかわりの変遷」をテーマとし、考古、歴史、民俗、自然、産業などの資料を活用しながら、現在から過去にさかのぼる地域史を展示している。2003 年度より、地元の大学などの専門機関とも連携している。

③流山市立博物館（2008 年度：職員 7 人）

　同館は、流山市制施行 10 周年記念事業の一つで、市立図書館との複合施設として 1978 年に開館した。それ以前は市史編さん室が民具を収集し、郷土資料室で展示公開していた。同館は、その流れを踏襲して設置された。開館当初は、永井仁三郎氏が長年にわたり日本全国から収集した鎧兜や民具などの「永井コレクション」が母体になった。2001 年には常設展示をリニューアルした。特別展や企画展のほかに講座などを行う。展覧会の開催時以外は、一部の展示室を一般に貸し出している。

④松戸市立博物館（2010 年度：職員 12.5 人）

　同館は、1993 年に、総合公園「21 世紀の森と広場」の敷地内に開館した。見て・触れて・体全体で感じる「感動体験型博物館」を基本コンセプトとしている。地域文化の継承と創造の拠点として、利用者の知的関心に応える「開かれた博物館」を目指している。常設展示・企画展示・野外展示を展示活動の 3 本柱とし、考古・歴史・民俗資料等により松戸を中心とした文化の変遷を展示している。常設展示の特徴として、昭和 30 年代の団地の再現展示がある。市内の常盤平団地の建物の一角が正確に復元されており、当時の電化製品や家具、衣類が置かれ、近郊農村から首都圏の住宅都市へと変貌した地元の姿を紹介している。また、土器づくり・機織り・赤米づくりなどの体験講座などをしている。

⑤浦安市郷土博物館（2010 年度：職員 8.5 人）

　同館の前身は、1980 年に開館した郷土資料館で、その後に収蔵、展示などのスペース不足を解消するため、2002 年に新館が開館した。郷土資料を収集・

保存し、次の世代へ浦安の歴史・文化を伝えて新しいまちづくりの拠点となることを目的としている。「市民のための博物館」や「ふれあいの博物館」を目指し、漁業経験者などからなる博物館ボランティア組織「もやいの会」を発足させた。屋外展示会場の一角に会員が待機する場所を設けている。来館者に「ベカ舟」乗船体験やおもちゃ作りなどを指導している。

(2) 五つのNPO運営館の概要

次に、NPOが指定管理者として運営する公立博物館の事例についても取り上げる。それには野田市郷土博物館のように、直営方式からNPOが運営するようになった施設と、開館当初からNPOが運営するものとがある。ここでは前者の事例は、「アルテピアッツァ美唄」（北海道美唄市）と「津金学校」（山梨県北杜市）、「明野歴史民俗資料館」（山梨県北杜市）である。なお、「砂丘館」（新潟市）はNPOが運営するものではなく、画廊とビル管理会社の共同事業体によるものであるが、参考例として含めておく。後者は、「感覚ミュージアム」（宮城県大崎市）である。なお、職員数はNPOが雇用する正規職員をカウントするものである。

① 津金学校（2010年度：職員0人、臨時職員3人で対応する・図64・65-❶）

同館は、旧須玉町歴史民俗資料館で、1875年に建てられた小学校の校舎を保存し博物館として活用している。建物は山梨県の指定文化財。2004年に旧須玉町は、周辺の7町村（明野村、高根町、長坂町、大泉町、小淵沢町、白州町、武川村）が合併して北杜市となった。北杜市になってからも直営で運営していたが、2006年からNPO法人文化資源活用協会が指定管理者として運営している。運営方針は、地域の文化財を保護・活用することと、地域の人たちのコミュニケーションの場所にする、というものである。

② 砂丘館（2010年度：職員1人・図64・65-❷）

同館は、画廊とビル管理会社が共同で指定管理者として運営している。前者は運営、後者は管理をそれぞれ業務分担している。1933年に旧日本銀行新潟支店長宅として建てられた木造の和風住宅を新潟市が取得して、一般公開する

第 11 章　他の公立博物館と経営効率を比較する　167

とともに貸室機能をもたせている。2000 年から運営を始めたが、2005 年 7 月からギャラリー機能を付加させて芸術・文化施設にして指定管理者に移行した。運営者は、旧来の日本文化（日本家屋と庭園）と新しい文化（現代の美術）をつなげる場所とすること、などをめざしている。

③ アルテピアッツァ美唄（2010 年度：職員 7 人・図 64・65-❸）

　1992 年に彫刻家・安田侃氏の作品を公開する野外彫刻公園としてオープンした。かつて炭鉱都市として美唄市が栄えていた当時の学校の木造校舎（旧栄小学校）や体育館を展示棟にしている。校舎の一部には幼稚園が併設されており、園児たちが野外の彫刻で遊ぶ様子も見られる。当初は、美唄市が運営していたが、2006 年度から NPO 法人アルテピアッツァびばいが指定管理者として運営を開始した。

　「アルテピアッツァは幼稚園でもあり、彫刻美術館でもあり、芸術文化交流広場でも、公園でもあります。誰もが素に戻れる空間、喜びも哀しみも全てを内包した、自分自身と向き合える空間を創ろうと欲張ってきました。この移り行く時代の多様さのなかで、次世代に大切なものをつないで行く試みは、人の心や思いによってのみ紡がれます」という安田氏のメッセージを運営方針にしている。

④ 感覚ミュージアム（2010 年度：職員 4 人・図 64・65-❹）

　同館は、旧岩出山町が保健福祉事業の一環として、2000 年 8 月 4 日に設立した公立美術館である。そもそもは「あったか村」構想という、保健福祉施設を集合させたゾーンをつくる構想の一部で、ミュージアムはその構成施設の一つに位置づけられた。コンセプトは、感性福祉（奥深く見る力を育てることで幸せにつなげる）というもので、それに触れることで癒されて心の健康づくりに寄与することをめざしている。展示作品は、人間の五感を通して体験することができる現代アート作品である。運営する NPO 法人オープンハート・あったかは、2006 年 3 月に周辺の 1 市 6 町が合併して大崎市になってからも指定管理者として継続して運営している。

⑤ 明野歴史民俗資料館（2010 年度：職員 2 人・図 64・65-❺）

同館は 2003 年に開館した。津金学校と同じく合併後の北杜市の文化施設であるが、元来は、旧明野村時代に設置された埋蔵文化財センターと資料館であった。2004 年 10 月、地元の郷土史家などによって結成した NPO 法人茅ヶ岳歴史文化研究所が両施設の指定管理者となり管理運営を行うようになった。埋蔵文化財センターの発掘や資料整理などの専門的な業務は明野村が担当し、NPO は資料館の企画展や講座などの事業の運営、また展示室や学習室の施設管理を業務とした。しかし、市による文化施設の類似施設等の整理統合により、2010 年度の指定管理の契約期間の満了をもって資料館は廃止された。

3. 直営と NPO 運営の経営効率を比較する

　次に、以上五つの公立館と同じく、五つの NPO 運営館の経営効率を比べてみる。経営効率は、様々な指標で多面的に測るべきものだが、最も端的な指標は入館者数と経費の関係である。

　図 64 は、以上の 10 館について、年間の＜利用者 1 人当たりの経費＞を縦軸にとり、年間入館者数を横軸の指標にした相関図である。＜利用者 1 人当たりの経費＞を計算する上では、市からの年間の歳出額を基準にしている。この中には人件費、管理費、事業費などの全ての経費が含まれる。入館料、イベントや寄付金などの収入は含まない。

　図 64 を見れば分かるように、まず直営館①〜⑤では、年間の利用者数が多い館ほど＜利用者 1 人当たりの経費＞は安くなる傾向になる。＜利用者 1 人当たりの経費＞は鎌ヶ谷市郷土資料館の 6,372 円から浦安市郷土博物館の 1,554 円まで幅がある。直営時代の野田市郷土博物館の 3,528 円はほぼ中間に位置する。しかし、NPO が野田市郷土博物館を運営するようになった 4 年後には大きく変化した。4 年前の当時（2006 年度）と現在（2010 年度）の点を矢印でつなぐと、入館者が飛躍的に増加するとともに、＜利用者 1 人当たりの経費＞は格段に安くなった。このベクトルの長さと斜度によって改革の成果が大きいことが理解できよう。

一方、他の直営館の 2010 年度の数値（流山市立博物館、八千代市立郷土博物館は 2008 年度の数値）も見ておきたい。図 64 には示していないが、他の直営館の多くは 4 年前と比べて、ベクトルがむしろ逆方向になっている。それは効率化が進まず、更に費用対効果が下がってしまったことを意味する。野田市郷土博物館も、改革に取り組まなければ、おそらくこれら他の直営館と同じ状況になったであろう。

　4 年前と比べて、ほとんどの直営館は職員数が減らされている。近年では、定年退職した市役所職員を再雇用して年金を受給する時期までのつなぎとして配置していることがしばしばある。仮に、学芸員が定年退職しても、新規に学芸員を採用せずに、本庁などの退職者を数合わせのために博物館に入れることがある。これは、長期的にみて博物館機能の弱体化を招いている。

　さらに、事業費の予算は、ほとんどつかなくなっている。そのために新しい事業の展開ができない。展覧会の予算すらないところもある。図録を刊行する印刷費もつかない。年報を単年度でなくまとめて複数年分を 1 冊にして出すところもある。それを学芸員の献身的な努力によって補っているが、それでも入

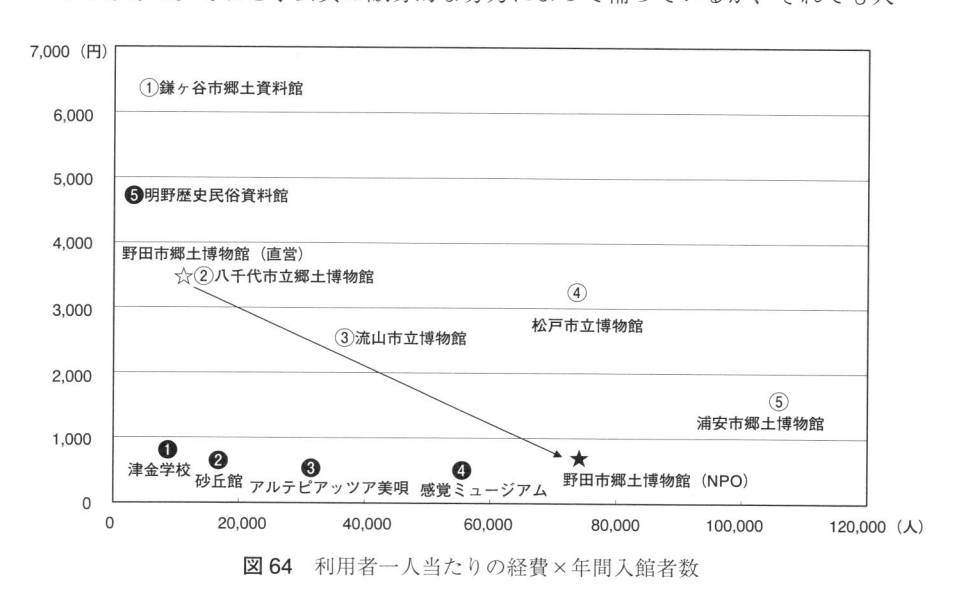

図 64　利用者一人当たりの経費 × 年間入館者数

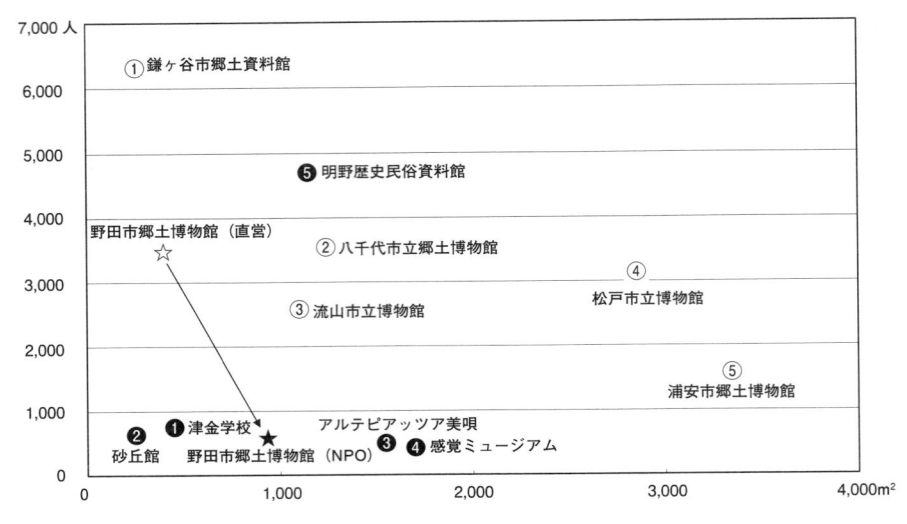

図 65　利用者一人当たりの経費×パブリック・スペース（床面積）

館者は減少している。

　一方、NPO が運営する館❶〜❺の＜利用者１人当たりの経費＞は、一部を除き 1,000 円以下のラインに分布する。直営に比べると効率的であることがわかる。これは、特に同程度の利用者数の直営館の経費と対比させてみるとよくわかる。例えば、鎌ヶ谷市郷土資料館と津金学校の利用者数はともに１万人以下であるが、利用者１人当たりの経費は約 8 倍の開きがある。八千代市立郷土博物館と砂丘館では約 6 倍、松戸市立博物館と NPO 運営の野田市郷土博物館とは約 5 倍というように、NPO が運営する館の効率は、直営館に比べて著しい違いのあることが分かる。なお、明野歴史民俗資料館は、NPO の運営館であるが、数値は直営館のグループに属している点から特異である。

　また、図 65 は、＜利用者１人当たりの経費＞とパブリック・スペースの延べ床面積の相関図である。パブリック・スペースとは、エントランスホール、展示室、市民が利用する部屋、講座室、講堂、ショップ、喫茶室などをさす。

　直営館は、パブリック・スペースの面積に関わりなく、NPO が運営する館よりも＜利用者１人当たりの経費＞が総じて高くなっている。これは図 64 と

同じような傾向である。

　野田市郷土博物館はどうだろうか。同館は市民会館と一体管理したことにより、5年前よりも床面積が広くなったこともあり、5年前の点の位置から矢印が大きく斜め下方に移動している。費用対効果が上がったのは、従来の博物館に市民会館を加えて、パブリック・スペースを拡大したことで異なる機能同士をうまくあわせて、多くの人たちにとって利用しやすくしたからである。

　このようにNPOが直営よりも効率的な運営をしていることは、今回の事例だけに限らず、おそらくは日本の公立博物館の実態を示しているといえる。それでは、なぜそうなっているのだろうか。

4. 柔軟な運営をする

　直営館は、原則や制度に縛られて硬直的な運営になりがちである。しかも開館してから年数が経つほどマンネリ化に陥りやすい。その結果、活動が低迷化して、入館者数は減少する。だがNPOには新奇性や挑戦心がある。限られた指定管理料という制約はあるものの、それでも市民としての感覚を発揮して何とか利用者に喜んでもらえる施設にしようという気概をもっている。

　例えば、アルテピアッツァ美唄では、利用者に満足を与えたい、感動を与えたいという作家の意向を実現するために、利用者にとって障害となる要素を極力排除している。まず、入館料は無料である。作品に触れてはいけないなどの＜禁止サイン＞を置かない。個人の利用ならば作品撮影は構わない。動線を設けずに自由に好きな作品からみてもらう。野外彫刻園だが周囲に柵を設けずに、どこからでも自由に出入りができる。作品そのものを鑑賞してもらうために作品名を示すキャプションを付けない、などである。実は、これらと逆のことをするのが直営の美術館では定番になっている。しかし、ここではそれらを全て排除している。NPOならではの柔軟さがある。

　津金学校は、柔軟な運営ができる自主事業のメリットを生かしている。自主事業としてカフェ明治学校（通称：明治カフェ）を営業して収益の一部として

いる。ここはまた地元の人たちの寄り合い場にもなっている。私が訪れた日にも、馴染みの人たちがコーヒーを飲みながら歓談していた。さながら地域のサロンのようになっている。理事長の高橋正明氏によると、NPOが運営するメリットの一つとして、このようなサロンにすることを目指していたという。

　また同館は、事業費がほとんどないために外部の助成金を積極的に得ている。これまでに花王コミュニティミュージアム・プログラム2010（2010年度）の助成によって「津金一日学校」を行っている。開校135年を記念して、学校を1日だけ復活させ、明治建築の教室で授業が行われた。午前中に書家と冒険家の二人の講師が子どもたちに自らのキャリアや仕事の技を実演し紹介した。給食を皆で済ませてから、午後はダンスの演出・振付家による授業が行われた。最後は、3人の講師が一堂に会してトークをした。日常は静かな教室だが、当日はかつての活気を復活させる日になった。そのほかにも、民間企業からの助成により、地元で没したインテリアデザイナーの木村二郎の展覧会「木村二郎回顧展」なども行っている。

　砂丘館は、自主事業として芸術文化に関する多彩な事業を行っている。美術企画展、コンサートのほかに、柔軟な運営によって市民サービスを向上させている。直営時代は清掃も十分に行き届かなかったようだが、玄関からはじまり館内のどの場所も清潔で整頓されており、装飾、展示、ショップなどもセンス良く、全てが心地良い空間になっている。直営時代の貸し部屋の利用者は月200人だったが、指定管理と

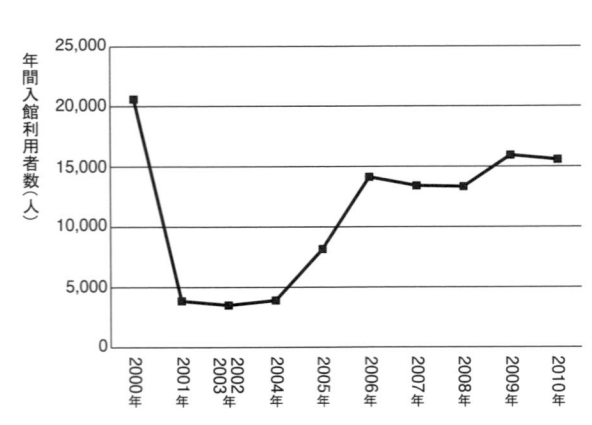

図66　新潟市砂丘館の利用者数の経年変化
（出典：新潟市中央区より提供の資料にもとづく）

なって月1,400人に大きく増加した。図66は、貸し部屋以外にもギャラリーの見学者などを全て入れた年間利用者の経年変化である。直営館として開館した2000年は多くの利用者を得たものの、翌年から利用者が減り低迷していたが、2005年7月から指定管理者に移行した。2006年から通年にわたり運営するようになると15,000人ほどの利用者を集めるようになった。利用者が増加したのは、サービス向上と施設が快適になった何よりの証拠であろう。

　砂丘館では、こうした環境づくりは職員だけでなく、市民ボランティアの支援によるところが大きい。館内業務補助ボランティア（季節のしつらい、生花を活ける）、庭園清掃作業ボランティア、館内解説ボランティアなどである。例えば、季節のしつらいは、自主事業の講座からうまれたサークルで行われており、毎月部屋のしつらいが変わる。各部屋の床の間以外にも、彼らによる展示スペースを確保し、その内容はボランティアの自主性にまかせている。生花は、床の間、玄関、喫茶スペース、トイレ、空きスペースに飾られ、1～2週間に1回のペースで取り替えられている。

5. なぜ一部のNPOは運営に限界をきたしたのか

　以上のように、一般にNPO運営館は様々な工夫で成果を上げてきた。しかし、明野歴史民俗資料館は、図64・65でみた通り、他のNPOの運営状況と異なっている。指定管理者になってからの入館者数は毎年減少している。2005年には約4,000人であったが、5年後の2010年度には約2,300人に減少した。その結果、＜利用者1人当たりの経費＞も上昇を続けて、ますます非効率になった。ついに、北杜市は文化施設の再編計画の中で、住民サービスと効率性が十分に基準を満たしていないという判断から、埋蔵文化財センターの機能は維持しつつも、資料館を廃館にした。これにより、埋蔵文化財センターの展示室はコレクションの収蔵施設、資料館の展示室は発掘品の整理室に転用された。

　NPO運営の明野歴史民俗資料館は、なぜ存続できなかったのだろうか。その理由は次のことが考えられる。

一つめは、旧明野村時代に指定管理者になる時に、役場からの業務を引き継ぐようにして受託している。やはり、この時点でミッションの見直しをすることや、運営方針を再確認するような作業が必要ではなかったか。つまり、指定管理者への移行の仕方に問題があったと思われる。

　二つめは、入館者が減少し続けても、前例の踏襲型でこれまでの通りのことをこなしてきたと思われる点である。学芸員は努力して展覧会やイベントの企画をやってきたが、それはこれまで通りの年間行事を無難にこなしていただけではなかったか。つまり目先の仕事は一所懸命にやるのだが、先のことを見通して、少しでも多くの人たちに来てもらえるような工夫をすることができなかった。このことは、多くの直営館の運営でも同じようなことがいえる。

　三つめは、地域の人たちに館を広く開放してこなかったことであろう。一部の文化財や歴史文化の愛好家などはよく来館するし、資料の利用は盛んであった。しかし、関心のない人たちにも興味をもたせ来館を促すような活動をほとんど行わなかったのではないだろうか。これはミッションとも関わることである。このような地域型の文化施設には、やはり地元の人たちにとっての寄り合いの場となる拠点的な機能が求められるが、そのような発想の転換がなかったといえよう。

6. NPO運営を持続可能なものにするために

　NPO運営が直営よりも効率的な、もう一つの理由は、指定管理者は、直営の場合よりも人件費が抑えられているということである。例えば2010年度、大阪市の一般行政職の年収額（平均年齢42.3歳）は約723万円である（大阪市 2011）。他の地方自治体でも大差はない。それに比べて、NPOの正規職員は300万円台となっている。公務員の平均給与の半分以下である。公務員は、定期昇給や昇格によって毎年給料が上がる。しかし、NPOでは指定管理料が現状維持か、あるいは引き下げられることもあるので、職員の給料を引き上げることはほとんどできない。

公立博物館についていえば、図64・65で見たように、NPO運営の方が効率的な運営をして成果を上げている。それにもかかわらず、効率化が進まない直営館で働く公務員は給料が高く、将来も保障されている。NPOで働く専門職の多くは若者であるが、彼らはいくら一所懸命に働き成果を上げても、給料は据え置きのままとなり、将来の生活設計を立てることが困難である。ここに著しい官民格差がある。

　そもそも指定管理料は直営時代よりも低額に設定されることが多い。それは清掃サービスや公園管理などのように民間企業が代行できるものには適用できるが、博物館のように専門的能力が要求される業種には不適当である。学芸員は一定の職務経験を積みながら技能を身につけていく職業である。しかし現実は、専門職でも一定の経験年数に応じて人件費を上げることは極めて困難な状況になっている。そこで、今後ともNPOによる公立博物館の運営を持続させて成果を上げていくために、次のような提言をしておきたい。

　まずは、指定管理者に対する業務評価をした上で、運営を更新する場合には、その評価が一定の成果を上げていることが認められれば、正規職員の人件費分の定期昇給を認めて指定管理料を増額できる仕組みにする。それによって職員のインセンティブを維持して、さらに成果をあげていくようにもっていくことができる。

　次に、それとあわせて、行政は、指定管理者が収益をあげることのできる環境整備をはかることである。それは同時に住民サービスに沿うものでなければならない。例えば、カフェやショップなどを自主事業として運営するというものだ。例えば、アルテピアッツァ美唄は、2005年度からNPO法人「アルテピアッツァびばい」が運営を始めたが、2007年度には美唄市が別棟のカフェを新設し、同NPOが運営して利用者のサービスの向上を図っている。

　また、入館料などを指定管理者の歳入にする利用料金制度を導入することも重要である。ここで留意すべきことは、利用料金の多寡に応じて指定管理料を調整することがないようにする。すなわち、利用料金の収入が多ければ、指定管理料からその分を差し引くようなことをせず、利用料金の収入をそっくりそ

のまま指定管理者の歳入にするのである。行政は、双方が調印した時点での一定額の指定管理料の支払いを契約期間内はきちんと支払うことを守ることである。野田市では、市民会館の貸部屋使用料は、この方式で毎年度指定管理者の歳入となっており、年度ごとの多寡に応じて指定管理料が調整されることはない。

さらに、指定管理者が契約更新する際に、新規事業を始めることになれば、その分を新たな予算で裏付けることである。ある目標を達成すれば、新たな市民ニーズに対応するために新規事業を立ち上げる。これはイノベーションであり、公共サービスのマンネリ化を防止することにつながる。業務を前例踏襲すると、直営館と同じように活動が低迷化することになりがちである。

例えば、砂丘館では、直営時代には貸し館業務だったが、ギャラリー機能をもたせるという付加価値をつけることによって、500万円だった予算を指定管理者の移行にあわせて900万円に増額している。これは、直営から指定管理者への移行期の事例だが、指定管理者が更新する時期にバージョンアップをはかる際にも同じことがいえる。野田市郷土博物館でも、先述のように野田市は直営時代よりも予算を僅かに増額している（第2章4（3）を参照）。

こうしたことがセットとして保障されることで、指定管理者になっているNPOは公共サービスを向上させていくことができる。また、そこで働く職員の努力が報われるのである。やった成果が報われる仕組みにすることで、効率化をはかり持続可能にすることができるようになる。

上山信一氏のいうように、行政改革の真の目的は「よりよい市民サービスをより安くする」（上山 1999）ということであって、ただ予算を削減することを目的にするのでなく、効率的な公共経営をめざすことである。すなわち、これまでの浪費的な経営を是正して、住民サービスを重視し効率的な運営をすることである。地域型の小規模な公立博物館は、直営方式よりも地域の市民やNPOが運営する方が、住民サービスに適していると思う。公共の経営者である行政は、効率的に住民サービスを向上させていくために、そこで働くNPOの職員に業績評価に相応しい待遇改善をはかることが不可欠である。

おわりに
―NPO が公立博物館を運営するために―

　本書の目的は、NPO が公立博物館を再生できることを実証することであった。その目的は、野田市郷土博物館の事例において、一応達成することができた。そして、近隣における直営の公立博物館と NPO 運営の公立博物館を比較した結果から、今後の公立博物館の運営のあり方について一つの方向性を示すことができたと言えよう。ここでいう公立博物館とは、当館のように、市立クラスの地域型の公立館をさす。そこには「平成の大合併」によって、新しい自治体に統合された旧町村単位の資料館なども含まれる。

　今後、このようなタイプの公立博物館の中で、住民サービスが低下しているものや、費用対効果が著しく低いものなどについては、地元の NPO などの市民が運営することが望ましい。実際に、本書でも示したように野田市郷土博物館では NPO が運営をはじめることで、直営時代とほぼ同額の指定管理料で、経営効率は 4〜5 倍に上げた。博物館機能を充実させ、住民サービスを向上させるなどして、博物館そのものの入館者数は直営時代の約 3 倍になった。直営時代と、ほぼ同じ経費で高い効果をあげて効率化することができた。そして何よりもの成果は、博物館は自分たちの公共施設だという市民の意識が生まれて、様々な人たちが交流し、市民活動の拠点的な役割をもつようになったことである。こうして博物館は地域社会における新しい公共空間になっている。

　最後に、NPO が公立博物館を運営するポイントを述べて、本書の結びとしたい。

　まず一つめは、博物館を運営するのに適した人材がいなくてはならない。年々、定年退職する公立博物館の学芸員は増加している。元学芸員は、地元の人たちと共に一緒になって NPO を立ち上げて、公立博物館を運営することが

できる。また、全国の大学では毎年学芸員の有資格者を多数輩出している。しかし、その大部分は、就職先が極めて限られているために学芸員という職業に就くことを断念している。どの地域にもこうした人たちがいる。その中には学芸員に適した人材がいるだろうし、そうすれば若者にとって生きる希望を与えることができる。他に職業をもっていればNPOメンバーとしてサポート役になってもらうこともできる。要は、素人集団ではなく、博物館業務の経験者や知識をもつ人を入れておくことだ。

　その上で、地域の多分野の人たちもメンバーとして参加するように配慮する。例えば、企業経営者はマネジメントに明るいし、商店主は商店街に人脈をもっている。教育や福祉の関係者もそれぞれのコミュニティにおける普及役になる。市役所職員がいれば、市役所とのパイプ役にもなってくれる。

　二つめは、自分たちが博物館のミッションを作成することである。ミッションは、地域の人たちのニーズに応えるために何が必要なのかを考えて、博物館で「こうしたい」という目標をつくることである。まずは自分たちが当事者として行動計画を主体的につくることである。

　これまでの業務を市役所から引き継ぐだけの下請け型になることは避けなければならない。もし、そうなると、行政は施設運営のコストを削減することを目的にしがちになるからである。

　三つめは、自治体の首長と直接に協議することである。首長としても公共施設の運営のあり方を課題にしている人たちが多い。文化施設を社会資本として有効に活用することを考えている。市民の税金を投入して運営しているのに、ハコモノ化していれば、当然のように市民からクレームが出てくる。要するに市民から税金を払う価値がないと見なされれば、首長はそれなりに対処しなければならない。

　ある自治体は、合併して新しく市制を施行した際、以前の旧町村ごとに公共図書館は残したが、資料館などの文化施設は類似施設として統廃合して半数にした。図書館は地元の人たちの身近な施設となっていたが、資料館を守る人たちはほとんどいなかった。資料館は地元の人たちにとって必要な施設ではな

かったということだ。

　四つめは、首長の理解が得られれば、首長の指示により担当課と協議して実現にもっていくことができる。市民が政策立案をして行政と協働して文化施設を再生させる道筋をつくることである。行政は、モノとしての施設やコレクション、カネとしての予算をもっている。人はNPOが担う。そして知恵についてもNPOが市民の感覚を生かしてアイディアを出していく。それによって、市民にとっての身近な文化施設に再生することができる。

　五つめは、こうしてNPOが運営を開始したら、PDCAサイクルをきちんと機能させることである。プラン（Plan）・ドゥー（Do）・チェック（Check）・アクト（Act）、すなわち計画・実行・評価・改善である。特に、チェックは重要である。これまでの多くの公立博物館では評価が行われることはなかった。しかし、市民の税金で運営する以上は、適切な評価をして、それを情報公開することで透明性を高めていくことが必要である。そうすることで運営上の問題点を改善して、さらなる住民サービスの向上と効率化をはかることができるようになる。

　これまでに直営の公立博物館では、こうしたPDCAを循環させるような運営はほとんど行われてこなかった。NPOでPDCAを進めていくことは、公立博物館全体にも波及効果をおよぼすことになろう。

　本書で述べたように、NPO法人野田文化広場を立ち上げるまでの検討会から数えて、野田市郷土博物館を運営して、その成果が出るまでに8年が経過した。NPOを設立するまでに1年3カ月、それから指定管理者になるまでが1年9カ月、指定管理者として運営をはじめてから約5年が経過したことになる。

　まさか自分がこのようにして、かつての職場であった博物館を運営する当事者になるとは思っていなかった。しかし、私を突き動かしたのは、衰退していく博物館を見過ごすことができないという愛情があったからである。公務員を辞して民間人になったことで、市民の目線に立つようになったこともある。私の目に映ったのはハコモノ化した博物館の姿であった。

私は、検討会を立ち上げる時点から、将来的に市民が博物館を運営することを考えていた。地方自治法の改正によって指定管理者制度が施行されたのが2003年9月であるが、翌年の4月には既に検討会を始めた。事を成すにはタイミングが重要であると痛感する。

　それを実現することができたのは、地元に住む人たちの賛同と協力があったからにほかならない。NPOのメンバーの方々は、住職、学校教員、元学校長、元博物館長、商工会議所職員、企業経営者、商店主、福祉団体代表者、グラフィックデザイナー、税理士、主婦、社会事業団体職員、大学院生などである。特定の分野に偏らず、多彩な人たちの、博物館（市民会館を含む）を何とか市民生活に役立つ場所に転換していきたいという思いが、このような活動や成果に結びついたのだと思う。

　なお、本書の執筆においては、多くの方々のご協力をいただいた。まずは、NPO法人野田文化広場の皆様である。そして、野田市長の根本崇氏には、行政のトップとして博物館運営については親身になって対応していただいた。また、野田市郷土博物館の日常業務を担っている方々には、多大なご協力をいただいた。特に館長の関根一男、学芸員の田尻美和子・柏女弘道・佐藤正三郎・大貫洋介の各氏には資料提供や校正などの協力を得た。また、竹内唯・江森卓也・大谷潤二の各氏にも校正をしていただいた。調査については、感覚ミュージアムの上原茂樹氏、砂丘館の大倉宏氏、NPO法人茅ヶ岳歴史文化研究所の皆川由紀子氏、NPO法人アルテピアッツァびばいの加藤知美氏、NPO法人文化資源活用協会の高橋正明氏にはヒアリング調査や資料を提供していただいた。流山市立博物館、鎌ヶ谷市郷土資料館、八千代市立郷土博物館、松戸市立博物館、浦安市郷土博物館の各館や、新潟市文化行政課や美唄市生涯学習課にはデータの確認に際してご協力をいただいた。またアンケート調査等では、むらさきの里野田ガイドの会、まちなみ研究会、博物館の自主研究グループ、ボランティアや展覧会協力者の皆さん、宮川進氏らにもご協力をいただいた。

　単行本にするにあたっては、慶應義塾大学総合政策学部の上山信一氏には有益なアドバイスをいただくと共に、本書のタイトルについてもアイディアをい

ただいた。法政大学キャリアデザイン学部の佐貫浩氏、同じく宮城まり子氏には本文の一部（第3・4章）について、有益なアドバイスをいただいた。同成社社長の山脇洋亮氏には出版の申し出に対してご快諾をいただいた。

　ここで全員のお名前を挙げることはできないが、こうした皆様方のご支援やご協力のおかげで本書が上梓できることになったことに、改めて感謝したい。

　　　2012年2月

金山喜昭

参考文献

E・H・エリクソン（岩瀬康理訳）1973『アイデンティティ　青年と危機』金沢文庫。
上山信一・桧森隆一 2008『行政の解体と再生』東洋経済新報社。
上山信一 1998『「行政評価」の時代－経営と顧客の視点から－』NTT出版。
上山信一 1999『行政経営の時代－評価から実践へ』NTT出版。
上山信一 2002『「政策連携」の時代－地域・自治体・NPOのパートナーシップ－』日本評論社。
花王株式会社 2010『花王・コミュニティミュージアム・プログラム 2010年選考結果』
金山喜昭・布谷知夫・北村美香 2007「博物館と市民のキャリア形成（「ボランティア」から「はしかけ」へ）キャリアデザイン研究 Vol.3
柏女弘道 2010「自主研究グループグループ育成連続講座「わたしたちのまち　野田を語ろう・歩こう！」を終えて」『野田市郷土博物館・市民会館年報・紀要（2008年度』第2号。
金山喜昭 1999『地域博物館のソーシャル・マーケティング戦略～童謡作曲家山中直治を復活させた野田市郷土博物館～』ミュゼ。
金山喜昭 2006「まちづくりと市民のキャリアデザイン（1）－NPO法人野田文化広場メンバーの場合－」『法政大学キャリアデザイン学部紀要』3号。
金山喜昭 2006「日本キャリアデザイン学会の中間大会（千葉県野田市）を振り返る」『キャリアデザイン研究』Vol.2。
金山喜昭 2007「まちづくりと市民のキャリアデザイン（2）－NPO法人野田文化広場が野田市郷土博物館を運営する基本的な考え方－」『法政大学キャリアデザイン学部紀要』第4号。
金山喜昭 2007「博物館でキャリアデザイン～人づくりから地域コミュニティの活性化へ」地方自治職員研修 第40巻10号。
金山喜昭 2008「まちづくりと市民のキャリアデザイン（3）－市民コレクション展が市民のキャリア形成に与えた影響－」法政大学キャリアデザイン学部紀要、第5号。
金山喜昭 2009「NPO法人が指定管理者制度を活用した新しい地域博物館－市民のキャリアデザインと地域コミュニティの拠点づくりをめざして－」『地域政策研究』第46号。
金山喜昭 2010「野田市郷土博物館の事例」『社会教育』No.772。
金山喜昭 2011「地域博物館と市民のキャリアデザイン－市民のキャリア支援という視点から－」『野田市郷土博物館・市民会館年報・紀要』第3号。
金山喜昭 2012「野田市郷土博物館における「政策連携」の成果と展望」『野田市郷土博物館・市民会館年報・紀要』第4号。
金山喜昭 2012「公立博物館の経営効率をみる－直営館とNPO運営館を比較する－」『法

政大学キャリアデザイン学会紀要』第9号。
鎌ヶ谷市郷土資料館 2011『鎌ヶ谷市郷土資料館年報（平成22年度）』第24号、鎌ヶ谷市郷土資料館。
川喜多喬 2004『人材育成論入門』法政大学出版局。
川崎市市民ミュージアム改善委員会 2004『川崎市市民ミュージアムのあり方について－検討結果報告書－』川崎市教育委員会生涯学習部文化財課。
川那部浩哉 2000『博物館を楽しむ－琵琶湖博物館ものがたり』岩波書店。
キッコーマン醤油株式会社 1968『キッコーマン醤油史』キッコーマン醤油株式会社。
「公立美術館の公益性に関する指針」についての調査研究委員会 2011『「公立美術館の公益性に関する指針」についての調査研究報告書』財団法人地域創造。
小林真理編著 2006『指定管理者制度～文化的公共性を支えるのは誰か～』時事通信社。
児美川孝一郎 2006『若者とアイデンティティ』法政大学出版局。
これからの公立美術館のあり方についての調査・研究委員会 2009『これからの公立美術館のあり方についての調査・研究報告書』財団法人地域創造。
笹川孝一編 2004『生涯学習社会とキャリアデザイン』法政大学出版局。
佐藤一子 1998『生涯学習と社会参加～おとなが学ぶことの意味～』東京大学出版会。
佐藤正三郎 2011「地域博物館における"市民サークル主体型展示"の可能性～まちなみ研究会による歴史的建造物の活用とまちづくり～」『野田市郷土博物館・市民会館年報・紀要（2009年度）』第3号。
佐藤　学 2000「公共圏の政治学－両大戦間のデューイ－」『思想』No.907、岩波書店。
佐貫　浩 2005『学校と人間形成』法政大学出版局。
社団法人日本観光振興協会 2010『平成22年度地域紹介・観光ボランティアガイド全国大会報告書』。
静岡県立美術館評価委員会 2006『静岡県立美術館評価委員会中間報告書－ニューパブリックミュージアム（NPM）の実現をめざして（提言）－』静岡県立美術館評価委員会。
武則祐子 1982「成人の心理・社会的発達に関する研究（3）－成人期のライフパターンの分析」『広島大学大学院教育学研究科博士課程論文集』第8巻。
田尻美和子 2009「－生き方を見つける・見つめる場として－市民コレクション展"土人形の魅力"のこころみ」『野田市郷土博物館・市民会館年報・紀要（2007年度）』第1号。
田尻美和子 2011「博物館建築の未来と活用を考える～野田市郷土博物館の場合～」『野田市郷土博物館・市民会館年報・紀要（2009年度）』第3号。
内閣府大臣官房政府広報室「社会意識に関する世論調査」『世論調査報告書平成20年2月調査』。
中西信男・水野正憲・古市裕一・佐方哲彦 1985『アイデンティティの心理』有斐閣。

中野民夫 2001『ワークショップ』岩波書店。
根本 崇 2010「温かみと人間味のある行政運営を目指して」『地方自治職員研修』第43巻通巻605号。
野田市郷土博物館 2009『野田市郷土博物館・市民会館年報・紀要（2007年度）』第1号、野田市郷土博物館。
野田市郷土博物館編 2009『寺子屋講座 まちの仕事人の言葉』野田市郷土博物館。
野田市郷土博物館 2010『野田市郷土博物館・市民会館年報・紀要（2008年度）』第2号、野田市郷土博物館。
野田市郷土博物館 2011『野田市郷土博物館・市民会館年報・紀要（2009年度）』第3号、野田市郷土博物館。
野田市郷土博物館 2012『野田市郷土博物館・市民会館年報・紀要（2010年度）』第4号、野田市郷土博物館。
野田市役所総務部企画調整課 1984『野田市総合計画書』。
浜口哲一 2000『放課後博物館へようこそ－地域と市民を結ぶ博物館－』地人書館。
広井良典 2010「コミュニティとは何か」『コミュニティー公共性・コモンズ・コミュニタリズム』勁草書房。
フィリップ・コトラー、エデュアルド・L・ロベルト（井関利明訳）1995『ソーシャル・マーケティング－行動変革のための戦略－』ダイヤモンド社。
松本茂章 2011「施設から見る自治体の2"文化水準"野田市郷土博物館・市民会館／醬油のまちでのNPO活動」『地方自治職員研修』第44巻第4号。
宮城まり子 2002『キャリアカウンセリング』駿河台出版社。
宮城まり子 2006『キャリアサポート』駿河台出版。
村井良子編著 2002『入門ミュージアムの評価と改善』ミュゼ。
これからの博物館の在り方に関する検討協力者会議 2010『博物館の設置及び運営上の望ましい基準の見直しについて』文部科学省生涯学習政策局社会教育課。
山岡義典 2004「市民活動団体の役割と課題」『ソーシャルガバナンス～新しい分権・市民社会の構図』東洋経済新報社。
渡辺三枝子 2001『キャリアカウンセリング入門』ナカニシヤ出版。
Museum Associations. 1996 Lifetimes; Croydon Clocktower, *Museum Practice*.
Peter, Lewis. 2007 Tower Strength; Museum of Croydon, *Museum Journal*.
Super, D.E. 1990 A Life-span, life-space approach to career development, Career choice and development; applying contemporary theories to practice. *Jpssey-Bass*.

大阪市（2011年4月1日現在）http://www/city.osaka.lg.jp/somu/page/0000140944.html
文部科学省調査 http://www.mext.go.jp/b_menu/shingi/chousa/shougai/014/shiryo/06101611/016.htm)

公立博物館をNPOに任せたら
― 市民・自治体・地域の連携 ―

■著者略歴■

金山喜昭（かなやま　よしあき）

1954年東京都生。法政大学大学院人文科学研究科　日本史学専攻博士課程単位満期退学。
NPO法人野田文化広場事務局長・理事、法政大学キャリアデザイン学部教授。博士（歴史学）。
1984年4月に野田市郷土博物館学芸員、同館館長補佐を経て、2002年4月から法政大学文学部、翌年にキャリアデザイン学部へ。2008年4月から翌年3月まで、ロンドン大学UCL（英国）客員研究員。2013年4月から2017年3月まで法政大学キャリアデザイン学部長。現在、新潟市新津鉄道資料館など、各地の文化施設の運営に協力する。
主要著書
『地域博物館のソーシャル・マーケティング戦略』（ミュゼ）、『日本の博物館史』（慶友社）、『博物館学入門―地域博物館学の提唱―』（慶友社）、『博物館と地方再生―市民・自治体・企業・地域との連携―』（同成社）などがある。

2012年3月31日初版発行
2022年2月22日第4刷

著　者　　金　山　喜　昭
発行者　　山　脇　由紀子
組　版　　㈱章　友　社
印　刷　　モリモト印刷㈱
製　本　　協　栄　製　本㈱

発行所　東京都千代田区飯田橋4-4-8
　　　　（〒102-0072）東京中央ビル　㈱同成社
　　　　TEL 03-3239-1467　　振替 00140-0-20618

Ⓒ Kanayama Yoshiaki 2012. Printed in Japan
ISBN978-4-88621-598-7 C3030

= 同成社の博物館関連書籍 =

転換期の博物館経営
―指定管理者制度・独立行政法人の検証と展望―
金山喜昭編　　　　　　　　　　　Ａ５判・266頁・本体2700円
独立行政法人の取り組みを含め、特色ある事例を豊富に紹介。新たな時代に相応しい博物館経営の姿を描きだし、その具体的な方策を提言する。

博物館と地方再生―市民・自治体・企業・地域との連携―
金山喜昭著　　　　　　　　　　　Ａ５判・230頁・本体2400円
博物館運営・経営の実状について全国の博物館の実地調査を行い、詳細に分析。衰退・消滅が囁かれる地方市町村の、地域創生の鍵を博物館との連携に見出し、双方がともに「進化」する方向性を指し示す。

基礎から学ぶ博物館法規
栗原祐司著　　　　　　　　　　　Ａ５判・258頁・本体3000円
博物館行政と現場に精通する著者が博物館法等の条文を逐条解説し、難解な官庁用語や予算・税制等を基礎から説明。関係者必携の書。

新博物館園論
小林秀司・星野卓二・德澤啓一編　　Ａ５判・330頁・本体3000円
自然史・科学博物館、動植物園など自然系館園の学芸員を目指す人のための指南書。学芸員に求められる知識や視座をわかりやすく論じる。

地域を活かす遺跡と博物館―遺跡博物館のいま―
青木豊・鷹野光行編　　　　　　　Ａ５判・306頁・本体3600円
高度経済成長期以降、各地で急増した遺跡博物館。その現状と課題を整理し、いま求められる遺跡保存や活用の在り方、教育効果について考察。

博物館展示の理論と実践
里見親幸著　　　　　　　　　　　Ａ５判・242頁・本体2800円
博物館展示の基本概念、展示空間の作り方、照明の技術等について長年博物館展示を手がけてきた著者が豊富な写真と共にわかりやすく解説。

新博物館学―これからの博物館経営―
小林　克著　　　　　　　　　　　Ａ５判・226頁・本体2800円
博物館学芸員としての長年の経験を踏まえて、現在の博物館が抱える諸題を提示し、時代のニーズに合う博物館経営の姿を具体的に描き出す。